U0571969

面向"十三五"机械制造类专业中高职衔接规划教材

机械 CAD/CAM——CAXA

电子图板 2013 实用教程

主　编　胥　进　马利军
副主编　赵和平　吴泽军　彭　鹏
　　　　梁　锋　周　玉
主　审　陈德航

北京理工大学出版社

BEIJING INSTITUTE OF TECHNOLOGY PRESS

内 容 提 要

　　本书是根据教育部最新颁布的中等职业学校专业课程教学大纲，并参照相关的最新国家职业技能标准和行业职业技能鉴定规范中的有关要求编写而成的。以 CAXA 电子图板 2013 软件为教学对象，内容包括 CAXA 电子图板基础知识、图形的绘制、图形特性及辅助工具的应用、图形的编辑与显示控制、图块与图库、工程标注、机械绘图综合示例七个项目。教材选题经典，内容精炼，点面结合，深入浅出，启发性强，特别适合中等职业学校学生学习；本书可作为中等职业技术学校机电、数控技术应用专业及相关专业的教学用书，也可供中高职衔接加工制造类专业中职段相关课程教学使用，还可作为相关行业的岗位培训教材及自学用书。

版权专有　侵权必究

图书在版编目（CIP）数据

机械 CAD/CAM：CAXA 电子图板 2013 实用教程/胥进，马利军主编 . —北京：北京理工大学出版社，2017.2（2017.2 重印）

ISBN 978－7－5682－3667－6

Ⅰ.①机…　Ⅱ.①胥…②马…　Ⅲ. 机械设计－计算机辅助设计－高等学校－教材②机械制造－计算机辅助制造－高等学校－教材　Ⅳ.①TH122②TH164

中国版本图书馆 CIP 数据核字（2017）第 024259 号

出版发行 / 北京理工大学出版社有限责任公司

社　　　址 / 北京市海淀区中关村南大街 5 号

邮　　　编 / 100081

电　　　话 / （010）68914775（总编室）

　　　　　　（010）82562903（教材售后服务热线）

　　　　　　（010）68948351（其他图书服务热线）

网　　　址 / http：//www.bitpress.com.cn

经　　　销 / 全国各地新华书店

印　　　刷 / 定州市新华印刷有限公司

开　　　本 / 787 毫米×1092 毫米　1/16

印　　　张 / 12

字　　　数 / 272 千字

版　　　次 / 2017 年 2 月第 1 版　2017 年 2 月第 2 次印刷

定　　　价 / 28.00 元

责任编辑 / 刘永兵

文案编辑 / 刘　佳

责任校对 / 王素新

责任印制 / 边心超

图书出现印装质量问题，请拨打售后服务热线，本社负责调换

面向"十三五"机械制造类专业中高职衔接规划教材

编委会

主　　任　胥　进　范军（高职）

副 主 任　陈德航（高职）　周　玉　常建平（企业）

委　　员　梁　锋　夏宝林　郑　旭　任国强（高职）

　　　　　冯垒鑫　马利军　李建军　罗　巧　青　山

　　　　　方　宏　吴泽军　罗长春　毛建力　戴天安

　　　　　谭天峰　刘　磊　高奎龙　杨洪雨　杨文（企业）

前　言

　　本书是根据教育部最新颁布的中等职业学校专业课程教学大纲，并参照相关的最新国家职业技能标准和行业职业技能鉴定规范中的有关要求编写而成的。本书以"专业与产业、职业岗位对接，专业课程内容与职业标准对接，教学过程与生产过程对接，学历证书与职业资格证书对接，职业教育与终身学习对接"的职业教育理念为指导思想，针对学生知识基础，吸收企业、行业专家，高职院校专家意见，结合中等职业教育培养目标和教学实际需求，特别针对中等职业学生学习基础较差、理性认识较差、感性认识较强的特点，遵循由浅入深、由易到难、由简易到复杂的循序渐进规律编写。

　　本书努力体现以下特色：

　　1. 以"工作过程系统化"为导向，以"任务驱动、行动导向"为指导思想，利用任务载体来承载和组织教学内容，知识围绕任务载体搭建，技能围绕任务载体实施。

　　2. 教学内容充实，教学内容源于生产实际，精心选择和设计教学载体，利用源于企业实际的载体来组织教学和承载技能与知识，排序合理，符合学生的认知规律，知识结构由易到难、由简到繁。

　　3. 教学形式新颖，教学过程实行任务驱动模式，实现了教学过程与工作过程相融合，且在内容清晰、强调基本功扎实的同时又将理论与实践结合。

　　4. 选题经典，内容精练，点面结合，深入浅出，启发性强，特别适合中等职业学校学生学习。

　　5. 参与编写的都是从事多年中等职业学校教学的一线骨干教师、企业一线技师、企业专家，编者经验丰富，了解学生，能很好地把握知识的重点、难点，并能很好地结合实际操作进行教学。

　　本书以首批国家改革创新示范校射洪职业中专学校为主任单位，联合多所中等职业学校的骨干教师、企业专家，在四川职业技术学院的指导下编写而成。四川职业技术学院承担了四川省教育体制改革试点项目"构建终身教育体系与人才培养立交桥，全面提升职业院校社会服务能力"的探索与研究，积极搭建中、高职衔接互通立交桥。构建中、高职衔接教材体系，既满足中等职业院校学生在技能方面的培养需求，也能满足学生在升入高等职业院校学习时对于专业理论知识的需要。

本书由胥进、马利军担任主编，赵和平、吴泽军、彭鹏、梁锋和周玉担任副主编。具体编写分工如下：项目一由胥进编写，项目二、三由马利军编写，项目四由赵和平编写，项目五、六由吴泽军、彭鹏编写，项目七由梁锋、周玉编写。全书由陈德航主审。

由于编者学识和水平所限，本书难免存在不足和错漏之处，敬请广大读者批评指正。

编　者

目 录

项目一　CAXA 电子图板基础知识

本项目通过介绍 CAXA 电子图板 2013 系统的特点以及相对于旧版本的新增功能，让学生能够对该软件有一个大体的认识；同时通过对其界面及基本操作的讲解，让学生进一步认识到该软件相对于其他二维绘图软件的快捷简便之处。

学习目的

(1) 了解 CAXA 电子图板 2013 的特点。

(2) 了解 CAXA 电子图板 2013 新增功能。

(3) 熟悉 CAXA 电子图板 2013 工作界面。

(4) 熟记 CAXA 电子图板 2013 常用热键。

任务一　CAXA 电子图板概述

CAXA 电子图板是一个功能齐全的通用计算机辅助绘图软件。它以图形交互方式，对几何模型进行实时地构造、编辑和修改。CAXA 电子图板提供形象化的设计手段，帮助设计人员发挥创造性，提高工作效率，缩短新产品的设计周期，把设计人员从繁重的设计绘图工作中解脱出来，并有助于促进产品设计的标准化、系列化和通用化，使得整个设计规范化。CAXA 电子图板在 1997 年由北航海尔公司开发，经过 CAXA 电子图板 98、2000、V2、XP、2005、2007、2011、2013 等多次典型版本更新，目前已发展到 2016 版本。

CAXA 电子图板适合所有需要二维绘图的场合。利用它可以进行零件图设计、装配图设计、零件图组装装配图设计、装配图分解零件图设计、工艺图表设计、平面包装设计、电气图纸设计等。它已经在机械、电子、航空航天、汽车、船舶、轻工、纺织、建筑及工程建设等领域得到广泛应用。图 1-1～图 1-3 所示分别为用 CAXA 电子图板 2013 绘制的机械零件图、房屋装修平面图、电气工程图图例。

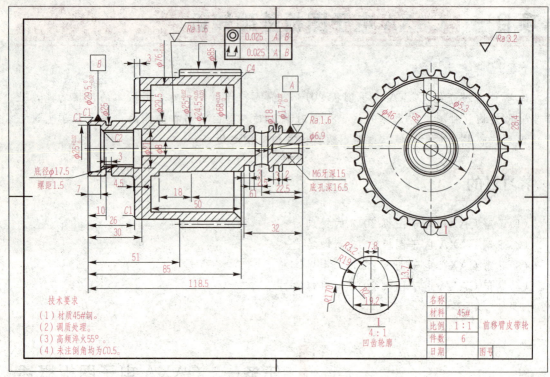

图 1-1 机械零件图

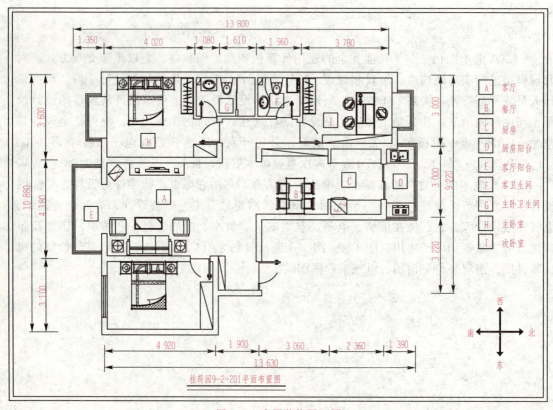

桂荷园9-2-201平面布置图

图 1-2 房屋装修平面图

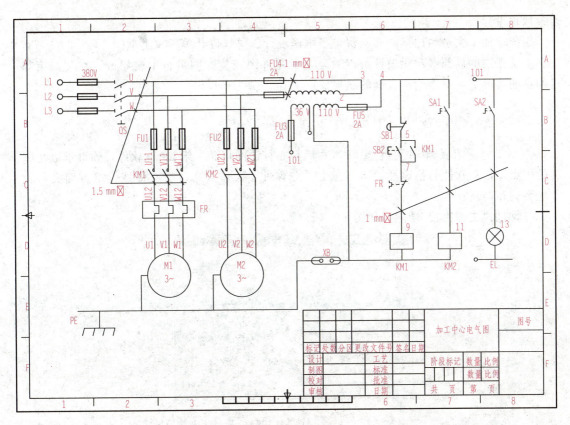

图 1-3　电气工程图

一、系统的特点

1. 智能设计、操作简单

系统提供了强大的智能化工程标注方式，包括尺寸标注、坐标标注、文字标注、尺寸公差标注、形位公差[①]标注和表面粗糙度标注等。标注过程智能化，只需选择要标注的方式，系统可自动捕捉辅助设计意图。

系统提供了强大的智能化图形绘制和编辑及文字和尺寸的修改等功能。绘制和编辑过程实现"所见即所得"。

系统采用全面的动态可视设计，支持动态导航、自动捕捉特征点和自动消隐等功能。

2. 体系开放、符合标准

系统全面支持最新的国家标准，通过国家机械 CAD 标准化审查。系统提供了图框、标题栏等样式供选用。在绘制装配图的零件序号、明细表时，系统自动实现零件序号与明细表联动。明细表支持 Access 和 FoxPro 数据库接口。

3. 参量设计、方便实用

系统提供方便高效的参量化图库，可以方便地调出预先定义的标准图形或相似图形进

[①]　"形位公差"术语根据 GB/T 1182—2008 已改为"几何公差"，为与软件匹配，全书仍使用"形位公差"表述。

行参数化设计。

系统增加了大量的国标图库，覆盖了机械设计、电气设计等所有类型。

系统提供的局部参数化设计可以对复杂的零件图或装配图进行编辑修改，在欠约束和过约束的情况下，均能给出合理的结果。

二、CAXA 电子图板 2013 重要新增功能

CAXA 电子图板 2013 为继 2011 版本后精心打造的精品二维 CAD 软件，除继承以往版本的优点外，在软件的稳定性、运行速度、兼容性、操作效率、交互便捷性等方面又有较大的突破和创新。

(1)增加"文件比较"功能，如图 1-4 所示。

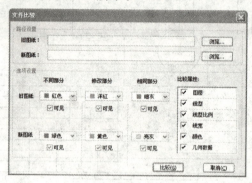

图 1-4　文件比较

(2)增加打印输出 PDF/PNG/TIF/JPG 文件功能。

(3)新文档保存或另存文件时，如果标题栏"图纸名称"填写了内容，保存文件名默认使用此填写的内容。

(4)增加"粘贴到原坐标"功能。

(5)增加"云线"功能，并可以设置"最大弧长"和"最小弧长"。

(6)改善图框和标题栏的定位规则，调入图框时：如果有标题栏，则找与标题栏对应的定位点；如果没有标题栏，则找与明细表对应的定位点；如果什么也没有，则图框的中心与图形最大区域中心重合；如果没有图形，图框中心与原点重合。

(7)改善明细表填写友好性。

(8)增加块扩展属性功能。

(9)增强序号功能，在立即菜单中增加"单折/多折"选项。

(10)增强"文本参数编辑"功能：选中文字后，支持修改"中文字体"和"西文字体"。

(11)增强坐标标注的对齐标注：支持在立即菜单中设置对齐点的延伸距离。

(12)增强角度标注功能：在尺寸标注风格中增加"补齐度分秒"选项。

(13)增强锥度标注功能：在立即菜单中增加"正向/反向"选项。

(14)增加标高符号生成功能：单击"标注"菜单中的"标高"按钮执行，按"S"键可以设置标高符号的参数，如图 1-5 所示。

(15)增强拾取过滤设置功能，扩展可设置的参数，如图 1-6 所示。

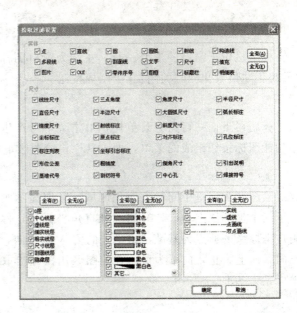

图 1-5 标高设置

图 1-6 拾取过滤设置

任务二 用户界面及其基本操作

一、界面组成

CAXA 电子图板 2013 的用户界面主要由标题栏、主菜单栏、工具栏、绘图区、立即菜单栏和状态栏组成，如图 1-7 所示。

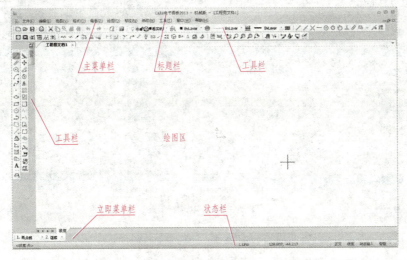

图 1-7 用户界面

1. 标题栏

标题栏位于窗口的最上一行，左端为窗口图标，中间显示当前文件名称，右端依次为"最小化""最大化"和"关闭"三个图标按钮。

2. 菜单栏

标题栏下面一行为主菜单栏，由主菜单可产生出下拉菜单；绘图区上方和左侧为由常用功能图标按钮组成的菜单，即工具栏；绘图区下面的一行为立即菜单栏。

3. 绘图区

绘图区为屏幕中间的大面积区域，其内显示画出的图形。绘图区除显示图形外，还设置了一个坐标原点为(0，0)的二维直角坐标系，称为世界坐标系。CAXA电子图板以当前用户坐标系的原点为基准，水平方向为 X 轴方向，向右为正，向左为负；垂直方向为 Y 轴方向，向上为正，向下为负。在绘图区用鼠标拾取的点或由键盘输入的点，均以当前用户坐标系为基准。

4. 状态栏

状态栏位于界面窗口的最下面一行，是操作提示与状态显示区，包括"命令与数据输入区""命令提示区""当前点坐标提示区""工具菜单状态提示区"和"点捕捉方式设置区"。

二、菜单系统

1. 主菜单和下拉菜单

主菜单包括"文件""编辑""视图""格式""幅面""绘图""标注""修改""工具""窗口"和"帮助"选项。选择其中一项，即弹出该选项的下拉菜单，如果下拉菜单中的某项后面有向右的黑三角标记，则表示其还有下一级的级联菜单，如图1-8所示。

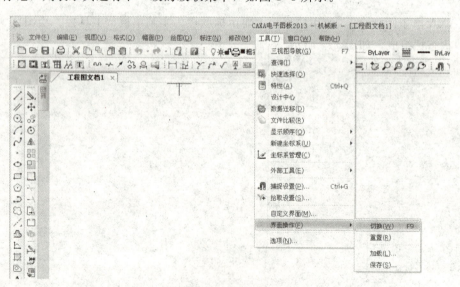

图1-8　主菜单和下拉菜单

· 6 ·

2. 工具栏

下拉菜单包含了系统的绝大多数命令。但为了提高作图效率，电子图板还将常用的一些命令以工具的形式直接布置在屏幕上，每一个工具栏上包括一组图标按钮，用鼠标左键单击某图标按钮，即执行相应命令。若想了解某一图标按钮的具体功能，可以将光标移到该按钮上，停留片刻，则在光标的下方将显示按钮功能文字说明。

CAXA 电子图板提供的工具栏及其默认布置如图 1-9 所示。

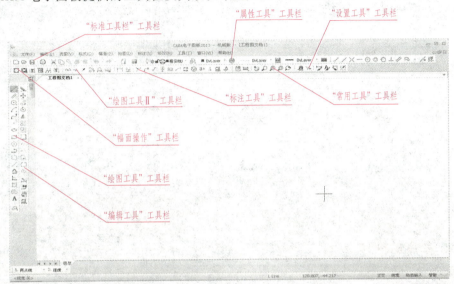

图 1-9　工具栏

3. 立即菜单

一个命令在执行过程中往往有多种执行方式，需要用户选择。CAXA 电子图板以立即菜单的方式，为用户提供了一种直观、简捷的处理命令选择的操作方法。当系统执行某一命令时，在绘图区左下方的立即菜单区大多会出现由一个或多个窗口构成的立即菜单，每个窗口前标有数字序号，它显示当前的各种选择项及有关数据。用户在绘图时应留意审核所显示的各项是否符合自己的意图，图 1-10 为绘制矩形时的立即菜单。

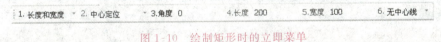

图 1-10　绘制矩形时的立即菜单

4. 弹出菜单

系统处于某种特定状态时，按下特定键会在当前光标处出现一个弹出菜单。CAXA 电子图板的弹出菜单主要有以下几种：

（1）当光标位于任意一个菜单或工具栏区域（光标为空心箭头）时，单击鼠标右键，弹出控制用户界面中菜单和工具栏显示或隐藏的右键定制菜单，如图 1-11(a) 所示。单击菜单中选项前面的复选框可以在显示和隐藏之间切换。

（2）在命令状态下拾取元素后单击鼠标右键，弹出面向所拾取图形对象的菜单，如图 1-11(b) 所示。根据拾取对象的不同，此右键菜单的内容会略有不同。

（3）在输入点状态下按空格键弹出空格键捕捉菜单，如图1-11(c)所示。

(a)　　　　　　　　(b)　　　　　　　　(c)

图 1-11　弹出菜单

三、命令的操作

1. 命令的输入

1）键盘输入

输入命令名并回车。例如，画直线的命令名为 LINE 或简化为 L。

有的命令也可利用系统定义的快捷键输入。

2）鼠标选择

屏幕上的光标在绘图区时为十字光标，用鼠标移动光标到绘图区之外时，光标变为一空心箭头，即进入鼠标选择状态。CAXA 电子图板将主菜单、屏幕菜单和工具栏中的图标以按钮的形式形象地布置在屏幕上，将光标移至某按钮处，单击鼠标左键，该按钮凹下即表示被选中。

2. 命令的中止、重复和取消

1）命令的中止

在命令执行过程中，按"Esc"键可中止当前操作。通常情况下，单击鼠标右键或按回车键也可中止当前操作直至退出命令。此外，在一个命令执行过程中，若通过选择菜单或单击图标按钮又启动了其他命令，则系统将先中止当前命令，然后执行新的命令。

2）命令重复

执行完一条命令，状态栏又出现"命令："提示时，单击右键或按回车键（即空回车）可重复执行上一条命令。

3）撤销操作

单击"标准工具"工具栏中的图标按钮，可撤销最后一次所执行的命令，它常用于撤销误操作。此操作具有多级回退功能，直至撤销已执行的全部命令。

4）恢复操作

恢复操作是"撤销操作"的逆过程。在执行了一次或连续数次撤销操作后，单击"标准工具"工具栏中的"恢复操作"图标按钮 ⟳，即取消上一次"撤销操作"命令。

四、数据的输入

CAXA电子图板环境下需要输入的数据主要有点（如直线的端点、圆心点等）、数值（如直线的长度、圆的半径等）和位移（如图形的移动量）等。

1. 点的输入

1）鼠标输入

利用鼠标移动屏幕上的十字光标，选中位置后，单击鼠标左键，该点的坐标即被输入。这种输入方法简单快捷，且动态拖动形象直观，但在按尺寸作图时准确性较差。

为了使得用鼠标输入点时除快捷外还能做到准确，CAXA电子图板提供了捕捉和导航等辅助绘图功能。

2）键盘输入

在输入点状态下，用键盘输入一个点的坐标并回车，该点即被输入。工程制图中，每一个图形元素的大小和位置具有严格的尺寸，因此常常需要用键盘输入坐标。输入坐标值后，需按回车键（或单击鼠标右键、按空格键）确认。

根据坐标系的不同，点的坐标分为直角坐标和极坐标，对同一坐标系而言，又有绝对坐标和相对坐标之分。为区别起见，CAXA电子图板中规定：

(1)直角坐标在 X、Y 坐标之间用逗号","分开。

(2)极坐标以"d＜a"的形式输入。其中"d"表示极半径，即点到极坐标原点的距离；"a"表示极角，即原点至该点的连线与 X 轴正向（水平向右方向）的夹角。

2. 数值的输入

CAXA电子图板中，某些命令执行中需要输入一个数（如长度、高度、直径、半径、角度等），此时可以直接输入，如"50/30＋(64－34)/3""sqrt(20)""sin(60＊3.1415 926/180)"等。

输入角度时，规定以度为单位，只输入角度值，并且规定角度值以 X 轴正向为0°，逆时针旋转为正，顺时针旋转为负。

3. 位移的输入

位移是一个矢量，不但具有大小，而且还具有方向。在某些编辑操作中（如平移、拉伸等），需要输入位移，一般可采用"给定两点"和"给定偏移"两种方法。前者输入两个点，由两点连线决定位移的方向，由二点间距离决定位移的大小；后者以(ΔX，ΔY)的格式直接输入偏移量，而且规定 ΔY 为零，即沿 X 轴方向进行位移时，可以只输入"ΔX"。

4. 文字及特殊字符的输入

当有些命令的对话框或数据输入需要输入文字时，可直接由键盘输入。输入汉字时，需启动 Windows 操作系统或外挂汉字系统的某一种汉字输入法（如智能 ABC、五笔字型输入法等)。

绘图中,有时需要输入一些键盘上没有的特殊字符(如直径"ϕ"、角度单位"°""±"等),以及以某种特殊格式排列的字符(如上下偏差、配合代号、分数等),CAXA 电子图板规定了特定的格式用于输入这些特殊字符和格式,具体如表 1-1 所示。

表 1-1　特殊字符的输入

内容	输入符号	示例	键盘输入
ϕ	%c	$\phi30$	%c30
°	%d	60°	60%d
±	%p	50 ± 0.1	50%p0.1
×	%x	6×2	6%x2
%	%%	60%	60%%

五、元素的拾取

CAXA 电子图板中,将绘制的点、直线、圆、圆弧、椭圆、样条和公式曲线等统称为曲线。曲线和由曲线生成的图块(如剖面线、文字、尺寸和图库中的图符等)称为图形元素,简称元素,又称实体。

在许多命令(特别是编辑命令)的执行过程中都需要拾取元素。

屏幕提示拾取元素时称为拾取状态,元素被拾取后以白色点线显示。多数拾取操作允许连续窗口进行,已选中元素的集合称为选择集。

1. 拾取元素的方法

1)单个拾取

移动鼠标,将十字光标中心的方框(称为拾取盒)移到所要选择的元素上,单击鼠标左键,该元素即被选中。

2)窗口拾取

用鼠标左键在屏幕空白处指定一点,系统提示"另一角点:",然后移动鼠标即拖动出一个矩形,单击左键确定另一角点后,矩形区域中的元素即被选中。

窗口拾取的结果与指定角点的顺序有关:如果从左向右确定窗口,则只是完全位于窗口内的元素被选中;而如果从右向左确定窗口,则被选中的不但包括完全位于窗口内的元素,还包括与窗口相交的元素。如图 1-12 所示,图中双点画线表示窗口,虚线表示被选中的元素。

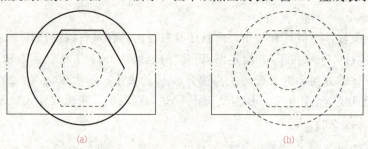

(a)　　　　　　　　　　(b)

图 1-12　窗口拾取

(b)从左向右确定窗口;(a)从右向左确定窗口

2. 拾取设置

单击"设置工具"工具栏中的图标 ✓，将弹出图 1-6 所示的"拾取过滤设置"对话框。从中可设置被拾取的实体、尺寸、图层、颜色及线型。若某项不被选择，则拾取操作时该项不能被拾取，即起到过滤的作用。

任务三　快速入门示例

下面以绘制图 1-13 所示的一个简单的机械平面图形——"法兰盘"为例，介绍用 CAXA 电子图板 2013 进行工程绘图的具体过程，以便对 CAXA 电子图板绘图有一概略的了解。

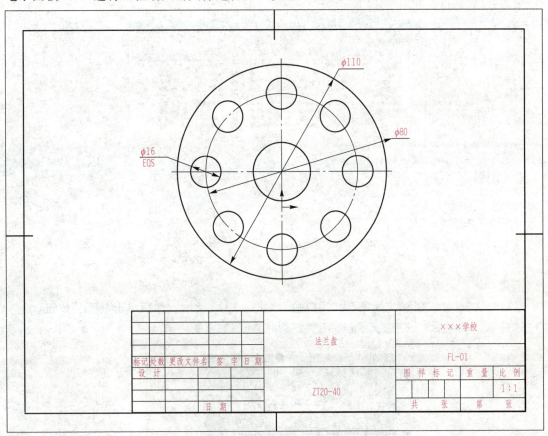

图 1-13　法兰盘

一、分析图形

如图 1-13 所示，从图中可以看出画线的线条有所不同，其中有点画线、粗实线、尺寸线等，为了更好、更快地将选中线条的粗细与颜色更改为符合机械制图的要求，需要我们对图层进行设置；同时还应根据视图的数量、图形的复杂程度和大小尺寸，选定合适的图纸幅面和绘图比例。

二、启动 CAXA 电子图板 2013

在计算机桌面上双击 CAXA 电子图板 2013 的快捷图标 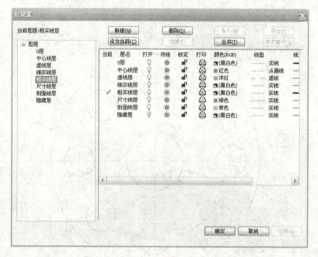。

三、图层设置

启动 CAXA 电子图板 2013 后，根据上面的分析对 CAXA 电子图板进行系统设置，这些设置包括图层、线型、颜色的设置，文本风格、标注风格的设置，屏幕点和拾取的设置等。如无特殊要求，一般可采用系统的默认设置。当然这些设置也可穿插在绘图过程中进行。

(1)鼠标左键单击"主菜单栏"上"格式(O)"→"图层(L)"或工具栏"颜色图层"→ 图标，打开"层设置"对话框，如图 1-14 所示。

图 1-14　层设置

(2)修改"尺寸线层"的"颜色"为"黑白色"，如图 1-15 所示，然后单击"确定"按钮。

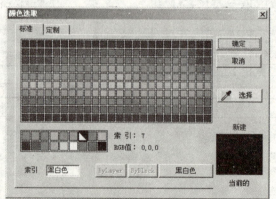

图 1-15　颜色选取

四、绘制图形及标注

1.“法兰盘”的绘制

（1）鼠标左键单击“主菜单栏”上“格式（O）”→“图层（L）”→出现“层设置”对话框→选择线型为粗实线的“粗实线层”为当前层或在“颜色图层”工具栏中选择好当前图层，如图 1-16 所示。

图 1-16　颜色图层

（2）鼠标左键单击“主菜单栏”上“绘图（D）”→“圆（C）”→“圆心 _ 半径（R）”或鼠标左键单击“绘图工具”工具栏上 ⊙ →设置“立即菜单”为 | 1.指定延长线长度 ▼　2.快速生成　3.延伸长度　3 | →输入圆心坐标（0，0）→单击鼠标右键→输入半径 55→单击鼠标右键→输入半径 15→双击鼠标右键。

（3）按“F3”键，显示全部图形。

（4）鼠标左键单击“主菜单栏”上“格式（O）”→“图层（L）”→出现“层设置”对话框→选择线型为点画线的“中心线层”为当前层或在“颜色图层”工具栏中选择好当前图层，如图 1-17 所示。

图 1-17　颜色图层

（5）鼠标左键单击“主菜单栏”上“绘图（D）”→“中心线（N）”或鼠标左键单击“绘图工具”工具栏上 ／ →设置“立即菜单”为 | 1.指定延长线长度 ▼　2.快速生成　3.延伸长度　3 | →鼠标左键拾取 $R55$ 圆→单击鼠标右键。

（6）鼠标左键单击“主菜单栏”上“绘图（D）”→“圆（C）”→“圆心 _ 半径（R）”或鼠标左键单击“绘图工具”工具栏上 ⊙ →设置“立即菜单”为 | 1.指定延长线长度 ▼　2.快速生成　3.延伸长度　3 | →输入圆心坐标（0，0）→单击鼠标右键→输入半径 40→双击鼠标右键，如图 1-18 所示。

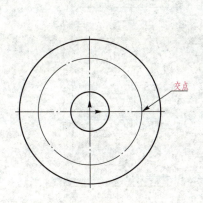

图 1-18　绘制法兰盘（一）

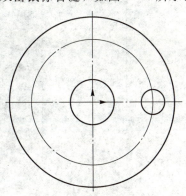

图 1-19　绘制法兰盘（二）

（7）鼠标左键单击"主菜单栏"上"格式（O）"→"图层（L）"→出现"层设置"对话框→选择线型为粗实线的"粗实线层"为当前层。

（8）按"F6"键，切换点的捕捉方式为"智能"。

（9）鼠标左键单击"主菜单栏"上"绘图（D）"→"圆（C）"→"圆心 _ 半径（R）"或鼠标左键单击"绘图工具"工具栏上 ⊙ →设置"立即菜单"为 [1.圆心 半径 ▽ 2.半径 ▽ 3.无中心线 ▽] →鼠标左键拾取图 1-18 中交点→输入半径 8→双击鼠标右键，如图 1-19 所示。

（10）鼠标左键单击"主菜单栏"上"修改（M）"→"阵列（A）"或鼠标左键单击"编辑工具"工具栏上 ⊞ →设置"立即菜单"为 [1.圆形阵列 ▽ 2.旋转 3.均布 4.份数 8] →鼠标左键拾取 $R8$ 圆→单击鼠标右键→鼠标左键拾取旋转中心（0，0）→单击鼠标右键，如图 1-20 所示。

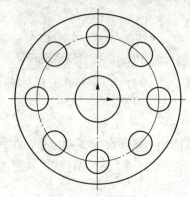

图 1-20　绘制法兰盘（三）

2. "法兰盘"的标注

（1）鼠标左键单击"主菜单栏"上"格式（O）"→"图层（L）"→出现"层设置"对话框→选择线型为细实线的"尺寸线层"为当前层。

（2）鼠标左键单击"主菜单栏"上"格式（O）"→"尺寸（D）"，弹出"标注风格设置"对话框，分别按图 1-21 和图 1-22 所示进行设置。

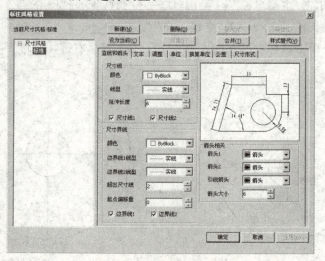

图 1-21　标注风格设置

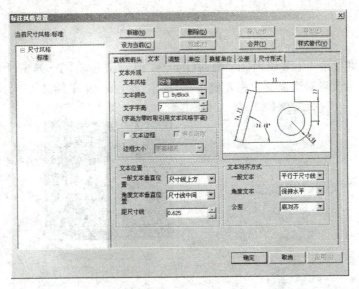

图 1-22　标注风格设置

（3）鼠标左键单击"主菜单栏"上"标注（N）"→"尺寸标注（D）"→"基本（B）"→鼠标左键拾取 $R55$ 圆→设置"立即菜单"为

| 1. 文字平行 | ▼ 2. 直径 | ▼ 3. 文字居中 | ▼ 4. 前缀 %c | 5. 后缀 | 6. 尺寸值 110 |

→单击鼠标左键→鼠标左键拾取 $R40$ 圆→设置"立即菜单"为

| 1. 文字平行 | ▼ 2. 直径 | ▼ 3. 文字居中 | ▼ 4. 前缀 %c | 5. 后缀 | 6. 尺寸值 80 |

→单击鼠标左键→鼠标左键拾取 $R8$ 圆（X 负半轴上）→设置"立即菜单"为

| 1. 文字平行 | ▼ 2. 直径 | ▼ 3. 文字居中 | ▼ 4. 前缀 %c | 5. 后缀 | 6. 尺寸值 16 |

→单击鼠标右键→弹出"尺寸标注属性设置"对话框→按图 1-23 所示设置对话框→用鼠标左键单击"确定"按钮。

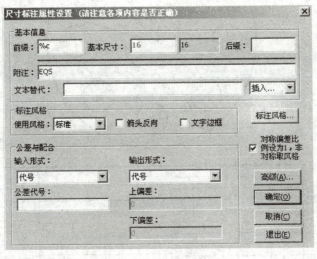

图 1-23　尺寸标注属性设置

五、设置绘图幅面

(1)鼠标左键单击"主菜单栏"上"幅面(P)"→"图幅设置(S)"→弹出"图幅设置"对话框→按图 1-24 所示设置对话框→鼠标左键单击"确定"按钮，如图 1-25 所示。

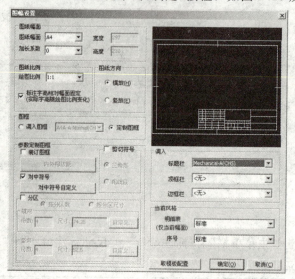

图 1-24　图幅设置

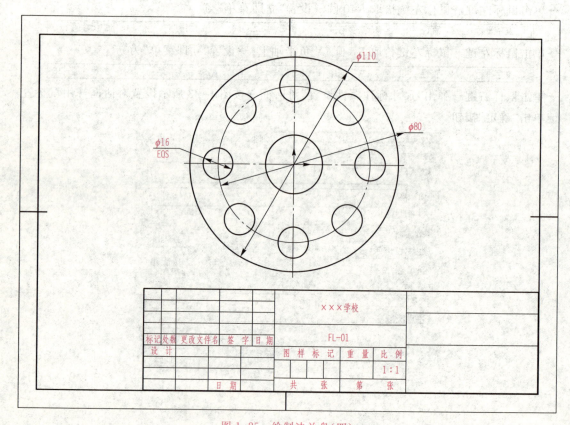

图 1-25　绘制法兰盘(四)

（2）鼠标左键单击"主菜单栏"上"修改（M）"→"平移（M）"或鼠标左键单击"编辑工具"工具栏上 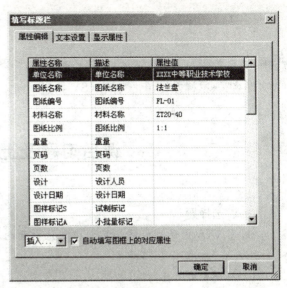 →设置"立即菜单"为

`1.给定两点 ▼ 2.保持原态 ▼ 3.旋转角 0  4.比例 1`

→框选除图幅以外的所有图素→单击鼠标右键→选择第 1 点为（0，0）→单击鼠标右键→选择第 1 点为（0，20）→单击鼠标右键。

（3）鼠标左键单击"主菜单栏"上"幅面（P）"→"标题栏（T）"→"填写（F）"，弹出"填写标题栏"对话框，按图 1-26 所示填写→鼠标左键单击"确定"键，结果如图 1-27 所示。

图 1-26　填写标题栏

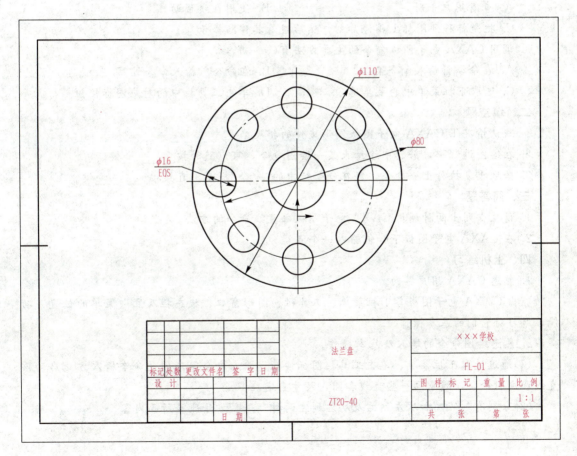

图 1-27　绘制法兰盘（五）

六、保存所绘图形

鼠标左键单击"主菜单栏"上"文件(F)"→"保存(S)"→弹出"另存文件"对话框→填写"文件名"→鼠标左键单击"保存(S)"按钮，结束操作。

课后习题及上机操作训练

一、选择题

1. CAXA 电子图板系统界面中默认打开的工具栏有(　　　)。

　　A."标准工具"工具栏　　　　　　　　　B."属性工具"工具栏

　　C."常用工具"工具栏　　　　　　　　　D."绘图工具"工具栏

2. 对于工具栏中你不熟悉的图标按钮，最简捷了解其功能的方法是(　　　)。

　　A. 查看用户手册　　　　　　　　　　　B. 使用在线帮助

　　C. 把光标移到图标上稍停片刻，然后观看其伴随提示

3. 调用 CAXA 电子图板命令的主要方法有(　　　)。

　　A. 在命令行输入命令名　　　　　　　B. 在命令行输入命令缩写

　　C. 选取下拉菜单中的菜单选项　　　　D. 单击工具栏中的对应图标按钮

二、填空题

1. 默认情况下 CAXA 电子图板图形文件的扩展名是＿＿＿＿＿＿。

2. 在绘图过程中，若想中途结束某一绘图命令，可以随时按＿＿＿＿＿键。

3. 若欲重复执行上一命令，可在命令行中的"命令"提示下直接按＿＿＿＿＿键。

三、简答题

1. 请至少列出两种调用 CAXA 电子图板画直线命令的方法。

2. 在 CAXA 电子图板下如何输入一个点？

四、上机练习

1. 熟悉 CAXA 用户界面。

指出 CAXA 电子图板各下拉菜单、工具栏、图形窗口、状态栏及立即菜单的位置、功能，练习对它们的基本操作。

2. 熟悉绘图命令的输入及基本操作。

(1)通过选取下拉菜单、单击工具栏图标按钮、输入命令等不同的命令输入方式启动画直线和画圆命令，随意画一些直线和圆，尺寸自定。

(2)分别有"单选"和从左到右及从右到左两种"窗选"方法删除所画内容。

项目二　图形的绘制

　　图形的绘制是计算机绘图软件的主要功能，CAXA 电子图板以先进的计算机技术和简捷的操作方式代替了传统的手工绘图方法，为用户提供了功能齐全的作图方式。本项目通过介绍基本曲线（如直线、圆、圆弧、矩形、中心线、样条曲线等）和高级曲线（正多边形、椭圆、孔/轴、公式曲线等）让学习者能够熟练绘制出中等难度的二维图形并且能够了解一些复杂曲线的绘制。

学习目的

　　(1)进一步熟悉 CAXA 电子图板 2013 工作界面。
　　(2)进一步熟记 CAXA 电子图板 2013 常用热键。
　　(3)掌握 CAXA 电子图板 2013 基本曲线的绘制方法。
　　(4)了解 CAXA 电子图板 2013 高级曲线的绘制方法。

任务一　基本曲线的绘制

一、直线的绘制

　　直线是图形构成的基本要素之一。CAXA 电子图板 2013 提供了"两点线""角度线""角等分线""切线/法线"和"等分线"五种直线绘制方式，如表 2-1 所示。

表 2-1　直线的绘制

直线绘制方式	功能	图例
两点线	按给定两点绘制一条直线或按给定的条件绘制连续的直线	
角度线	按给定角度、给定长度绘制一条直线段	66°

直线绘制方式	功能	图例
角等分线	按给定等分份数和给定长度绘制角的等分线	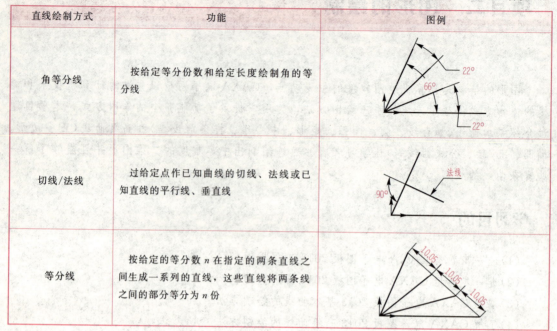
切线/法线	过给定点作已知曲线的切线、法线或已知直线的平行线、垂直线	
等分线	按给定的等分数 n 在指定的两条直线之间生成一系列的直线，这些直线将两条线之间的部分等分为 n 份	

范例实施

完成图 2-1 所示五角星的绘制。

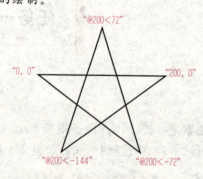

图 2-1　五角星的绘制

操作步骤

鼠标左键单击"主菜单栏"上"绘图(D)"→"直线(L)"→"直线(L)"或鼠标左键单击"绘图工具"工具栏上 → 设置"立即菜单"为 `1.两点线　▼ 2.连续　▼` → 输入第一点(0，0)，按"回车"键确认→输入第二点(200，0)，按"回车"键确认→输入点(@200<-144)，按"回车"键确认→输入点(@200<72)，按"回车"键确认→输入点(@200<-72)，按"回车"键确认→输入点(0，0)，按"回车"键确认。

二、平行线的绘制

CAXA 电子图板 2013 提供了"偏移方式"和"两点方式"绘制平行线的方式，如表 2-2 所示。

表 2-2　平行线的绘制

平行线绘制方式	功能	图例
偏移方式	按给定距离绘制与已知线段平行且长度相等的单向或双向平行线	
两点方式	绘制直线长度不相等的平行线，且长度值通过给定两点确定	

范例实施

完成图 2-2 所示表格的绘制。

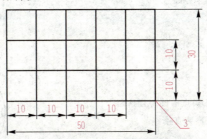

图 2-2　表格绘制范例

操作步骤

(1)鼠标左键单击"主菜单栏"上"绘图(D)"→"直线(L)"→"直线(L)"或鼠标左键单击"绘图工具"工具栏上 ✐ →设置"立即菜单"为 1. 两点线　▾ 2. 连续　▾ →输入第一点(0，30)，按"回车"键确认→输入第二点(50，0)，按"回车"键确认，如图 2-3 所示。

(2)鼠标左键单击"主菜单栏"上"绘图(D)"→"平行线(O)"或鼠标左键单击"绘图工具"工具栏上 ✐ →设置"立即菜单"为 1. 偏移方式　▾ 2. 单向　▾ →鼠标左键抬取直线 1(如图 2-3 所示)→移动光标到直线的右侧→依次输入平移距离 10、20、30、40、50 并每次按"回车"键确认，如图 2-4 所示。

（3）鼠标左键单击"主菜单栏"上"绘图（D）"→"平行线（O）"或鼠标左键单击"绘图工具"工具栏上 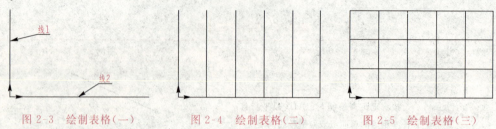→设置"立即菜单"为 `1. 偏移方式 ▼ 2. 单向 ▼` →鼠标左键拾取直线2（如图2-3所示）→移动光标到平移侧→依次输入平移距离10、20、30并每次按"回车"键确认，如图2-5所示。

图 2-3　绘制表格（一）　　　图 2-4　绘制表格（二）　　　图 2-5　绘制表格（三）

三、圆的绘制

圆是图形构成的基本要素之一。CAXA 电子图板 2013 提供了"圆心—半径""两点""三点"和"两点—半径"四种圆的绘制方式，如表2-3所示。

表 2-3　圆的绘制

圆绘制方式	功能	图例
圆心—半径	已知圆心和半径画圆	
两点	通过两个已知点画圆，且这两个已知点之间的距离为直径	
三点	过给定的三点画圆	
两点—半径	过两个已知点和给定的半径画圆	

22

范例实施

完成图 2-6 所示圆的绘制。

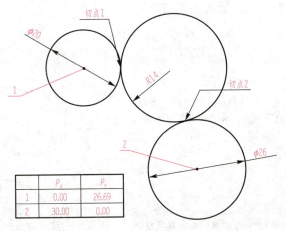

	P_x	P_y
1	0.00	26.69
2	30.00	0.00

图 2-6　范例圆

操作步骤

(1)鼠标左键单击"主菜单栏"上"绘图(D)"→"圆(C)"→"圆(C)"或鼠标左键单击"绘图工具"工具栏上 ⊙ →设置"立即菜单"为 1.圆心 半径 ▾ 2.半径 ▾ 3.无中心线 ▾ →输入圆心坐标(30, 0)→按"回车"确认→输入半径 13→按"回车"键确认。

(2)鼠标左键单击"主菜单栏"上"绘图(D)"→"圆(C)"→"圆(C)"或鼠标左键单击"绘图工具"工具栏上 ⊙ →设置"立即菜单"为 1.圆心 半径 ▾ 2.半径 ▾ 3.无中心线 ▾ →输入圆心坐标(0, 26.69)→按"回车"确认→输入半径 10→按"回车"键确认,如图 2-7 所示。

(3)鼠标左键单击"主菜单栏"上"绘图(D)"→"圆(C)"→"两点_半径(P)"或鼠标左键单击"绘图工具"工具栏上 ⊙ →设置"立即菜单"为 1.两点 半径 ▾ 2.无中心线 ▾ →按"空格"键→按"T"键→拾取图 2-6 所示切点 1 处→拾取图 2-6 所示切点 2 处→移动光标使相切圆处于正确位置→输入半径 14→按"回车"键确认,如图 2-8 所示。

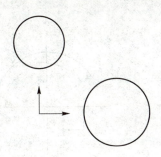

图 2-7　圆的绘制(一)

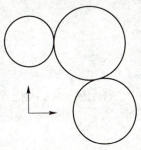

图 2-8　圆的绘制(二)

四、圆弧的绘制

圆弧是图形构成的基本要素之一。CAXA 电子图板 2013 提供了"三点圆弧""圆心—起点—圆心角""两点—半径""圆心—半径—起终角""起点—终点—圆心角"和"起点—半径—起终角"六种圆弧的绘制方式，如表 2-4 所示。

表 2-4　圆弧的绘制

圆弧绘制方式	功能	图例
三点圆弧	过三点画圆弧，其中一点为起点，第三点为终点，第二点决定圆弧的位置和方向	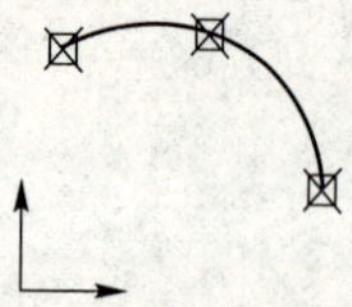
圆心—起点—圆心角	已知圆心、起点及圆心角或终点画圆弧	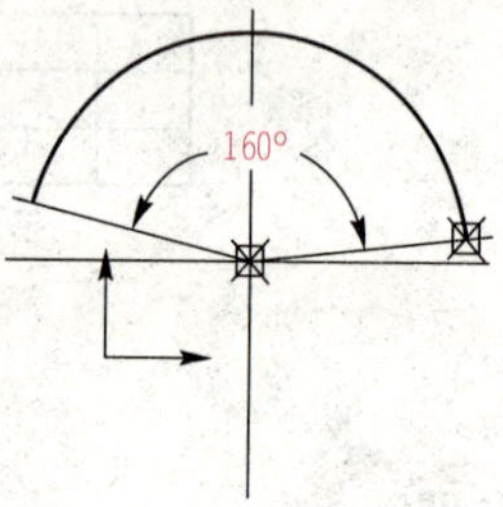
两点—半径	已知两点及圆弧半径画圆弧	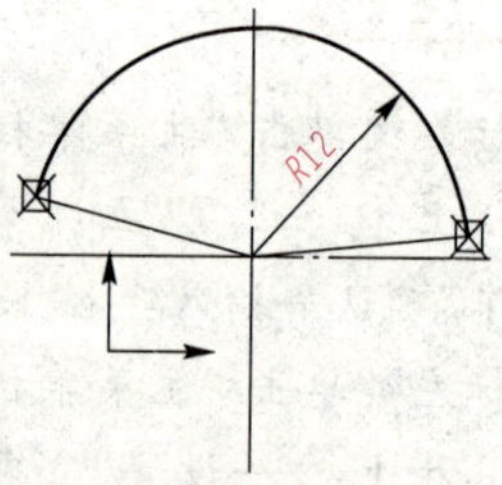
圆心—半径—起终角	由圆心、半径、起终角画圆弧	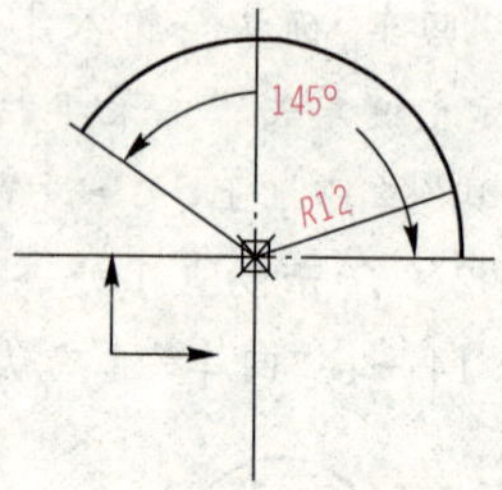
起点—终点—圆心角	已知起点、终点和圆心角画圆弧	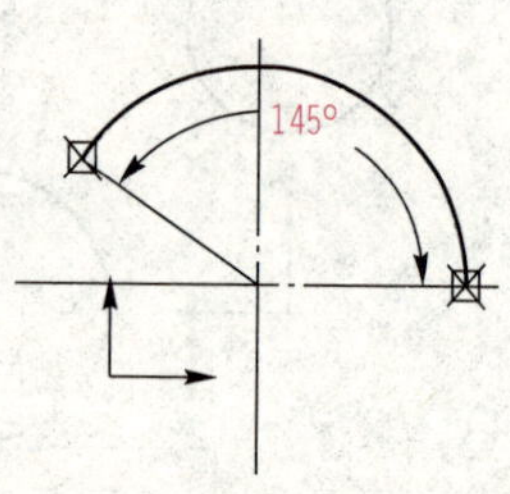

续表

圆弧绘制方式	功能	图例
起点—半径—起终角	已知起点、半径和起终角画圆弧	145°

范例实施

完成图 2-9 所示圆弧的绘制。

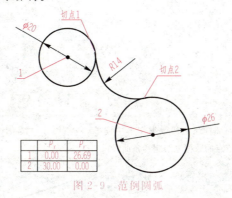

	P_x	P_y
1	0.00	26.69
2	30.00	0.00

图 2-9　范例圆弧

操作步骤

（1）鼠标左键单击"主菜单栏"上"绘图（D）"→"圆（C）"→"圆（C）"或鼠标左键单击"绘图工具"工具栏上 ⊙ →设置"立即菜单"为 [1.圆心 半径 ▾ 2.半径 ▾ 3.无中心线] →输入圆心坐标（30，0）→按"回车"确认→输入半径 13→按"回车"键确认。

（2）鼠标左键单击"主菜单栏"上"绘图（D）"→"圆（C）"→"圆（C）"或鼠标左键单击"绘图工具"工具栏上 ⊙ →设置"立即菜单"为 [1.圆心 半径 ▾ 2.半径 ▾ 3.无中心线] →输入圆心坐标（0，26.69）→按"回车"键确认→输入半径 10→按"回车"键确认，如图 2-7 所示。

（3）鼠标左键单击"主菜单栏"上"绘图（D）"→"圆弧（A）"→"两点半径（T）"或鼠标左键单击"绘图工具"工具栏上 ⌒ →设置"立即菜单"为 [1.两点 半径] →按"空格"键→按"T"键→拾取图 2-9 所示切点 1 处→拾取图 2-9 所示切点 2 处→移动光标使相切圆处于正确位置→输入半径 14→按"回车"键确认，如图 2-10 所示。

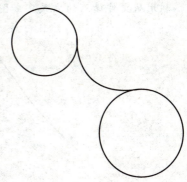

图 2-10　圆弧的绘制

五、样条曲线的绘制

样条曲线是自由曲线的一种描述方式，常用于绘制波浪线或通过一系列已知点拟合出一条曲线。CAXA 电子图板 2013 提供了"直接作图"和"从文件读入"两种样条曲线的绘制方式，如表 2-5 所示。

表 2-5　样条曲线的绘制

样条曲线绘制方式	功能	图例
直接作图	生成过给定顶点的样条曲线	
从文件读入	通过从外部样条曲线数据文本中读取样条插值点的数据来绘制样条曲线	

范例实施

利用从文件读入的方式完成图 2-11 所示样条曲线的绘制。

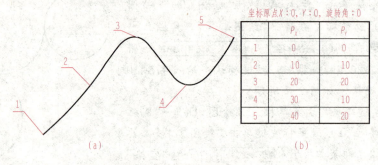

坐标原点 X：0，Y：0，旋转角：0

	P_X	P_Y
1	0	0
2	10	10
3	20	20
4	30	10
5	40	20

(a) 　　　　　　(b)

图 2-11　样条曲线绘制范例

操作步骤

(1)制作样条数据文件(文件类型为 ＊.dat，可用任何文本编辑器编辑)，其结构如下：

spline

5

0，0

10，10

20，20

30，10

40，20

eof

第一行为样条线关键字，第二行为插入值点个数，以下为各点的坐标值，最后一行为结束符。

(2)鼠标左键单击"主菜单栏"上"绘图(D)"→"样条(S)"或鼠标左键单击"绘图工具"工具栏上 [图标]→设置"立即菜单"为 [1.从文件读入 ▾] →打开制作的样条数据文件完成样条曲线的绘制。

六、点的绘制

点的绘制和拾取是绘制其他二维图形的基础。CAXA 电子图板 2013 提供了"孤立点""等分点"和等弧长点三种点的绘制方式，如表 2-6 所示。

表 2-6　点的绘制

点绘制方式	功能	图例
孤立点	在指定位置处绘制一个孤立点	
等分点	给定等份数，绘制已知曲线的等分点	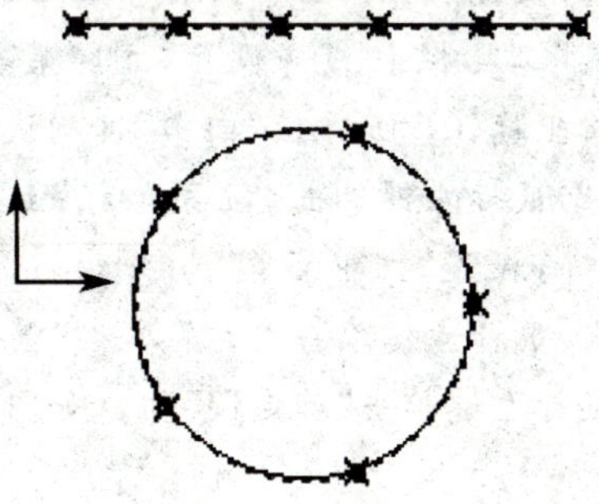

点绘制方式	功能	图例
等弧长点	给定弧长和等分份数，绘制已知曲线的等弧长点	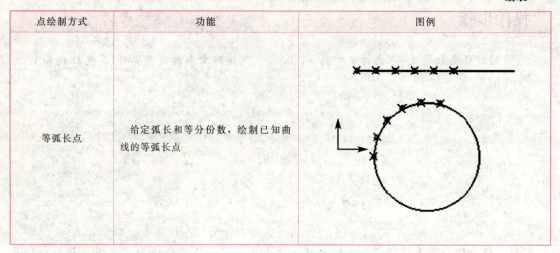

范例实施

完成图 2-12 所示等分点的绘制。

图 2-12　等分点绘制范例

操作步骤

(1)鼠标左键单击"主菜单栏"上"绘图(D)"→"圆(C)"→"圆(C)"或鼠标左键单击"绘图工具"工具栏上 ⊙ →设置"立即菜单"为 `1.圆心 半径 ▾ 2.半径 ▾ 3.有中心线 ▾ 4.中心线延伸长度 3` →输入圆心坐标(0，0)，按"回车"键确认→输入半径30→按"回车"键确认。

(2)鼠标左键单击"主菜单栏"上"绘图(D)"→"点(O)"或鼠标左键单击"绘图工具"工具栏上 · →设置"立即菜单"为 `1.等分点 ▾ 2.等分数 6` →拾取 R30 圆→单击鼠标右键结束操作。

(3)鼠标左键单击"主菜单栏"上"格式(O)"→"点(P)"→设置如图 2-13 所示点样式对话框→鼠标左键单击"确定"按钮，如图 2-14 所示。

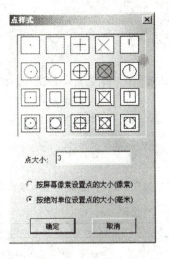

图 2-13　点样式

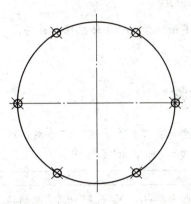

图 2-14　绘制等分点

七、椭圆/椭圆弧的绘制

CAXA 电子图板 2013 提供了"给定长短轴""轴上两点"和"中心点—起点"三种椭圆/椭圆弧的绘制方式，如表 2-7 所示。

表 2-7　椭圆/椭圆弧的绘制

椭圆/椭圆弧绘制方式	功能	图例
给定长、短轴	以椭圆的中心为基准点，给定椭圆长、短轴的半径，绘制任意方向的椭圆或椭圆弧	
轴上两点	已知椭圆一个轴的两个端点和另一个轴的长度绘制椭圆	
中心点—起点	已知椭圆中心点、轴的一个端点和另一个轴的长度绘制椭圆	

范例实施

完成长半轴＝20、短半轴＝10、旋转角＝30、起始角＝0、终止角＝270、中心为(0，0)的椭圆弧。

操作步骤

鼠标左键单击"主菜单栏"上"绘图(D)"→"椭圆(E)"或鼠标左键单击"绘图工具"工具栏上 👁 →设置"立即菜单"为

| 1.给定长短轴 ▾ | 2.长半轴 20 | 3.短半轴 10 | 4.旋转角 30 | 5.起始角＝ 0 | 6.终止角＝ 270 |

→输入基准点坐标(0，0)→按"回车"键确认。

八、矩形的绘制

矩形是图形构成的基本要素之一。CAXA 电子图板 2013 提供了"两角点"和"长度和宽度"两种矩形的绘制方式，如表 2-8 所示。

表 2-8　矩形的绘制

矩形绘制方式	功能	图例
两角点	通过给定矩形的两个角点绘制矩形	
长度和宽度	已知矩形的长度和宽度绘制矩形	

范例实施

完成图 2-15 所示矩形的绘制。

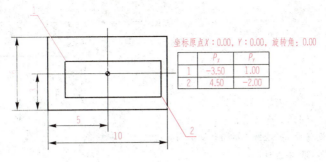

图 2-15 矩形绘制范例

操作步骤

（1）鼠标左键单击"主菜单栏"上"绘图(D)"→"矩形(R)"或鼠标左键单击"绘图工具"工具栏上 ▭ →设置"立即菜单"为

| 1. 长度和宽度 ▾ | 2. 中心定位 ▾ | 3. 角度 0 | 4. 长度 10 | 5. 宽度 6 | 6. 有中心线 | 7. 中心线延伸长度 1 |

→输入定位点坐标(0，0)→按"回车"键确认，如图 2-16 所示。

图 2-16 矩形的绘制（一）

（2）鼠标左键单击"主菜单栏"上"绘图(D)"→"矩形(R)"或鼠标左键单击"绘图工具"工具栏上 ▭ →设置"立即菜单"为 `1.两角点 ▾  2.无中心线 ▾` →输入第一角点坐标(−3.5，1)→按"回车"键确认→输入另一角点坐标(4.5，−2)→按"回车"键确认，如图 2-17 所示。

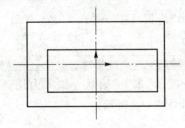

图 2-17 矩形的绘制（二）

九、正多边形的绘制

CAXA 电子图板 2013 提供了"中心定位"和"底边定位"两种正多边形的绘制方式，如表 2-9 所示。

表 2-9　正多边形的绘制

正多边形绘制方式	功能	图例
中心定位	以正多边形中心定位，按内接或外切圆的半径或圆上的点作圆的内接或外切正多边形	
底边定位	以正多边形底边为定位基准，按正多边形的边长绘制正多边形	

范例实施

完成中心点在原点，内切圆半径为 20 mm 的正五边形。

操作步骤

鼠标左键单击"主菜单栏"上"绘图（D）"→"正多边形（Y）"或鼠标左键单击"绘图工具"工具栏上 ⬡ →设置"立即菜单"为

| 1. 中心定位 ▾ 2. 给定半径 ▾ 3. 外切于圆 ▾ 4. 边数 5 | 5. 旋转角 0 | 6. 有中心线 ▾ 7. 中心线延伸长度 1 |

→输入中心定位点坐标（0，0）→按"回车"键确认→输入内切圆半径 20→按"回车"键确认，如图 2-18 所示。

十、其他基本曲线的绘制

CAXA 电子图板 2013 除提供了上述基本曲线外还提供了"中心线""等距线""公式曲线""剖面线"和"填充"的绘制，如表 2-10 所示。

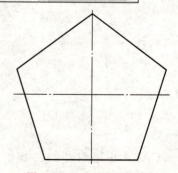

图 2-18　正五边形的绘制

表 2-10 其他基本曲线的绘制

其他基本曲线绘制方式	功能	图例
多段线	由多条直线段或多条圆弧构成的一条轮廓线	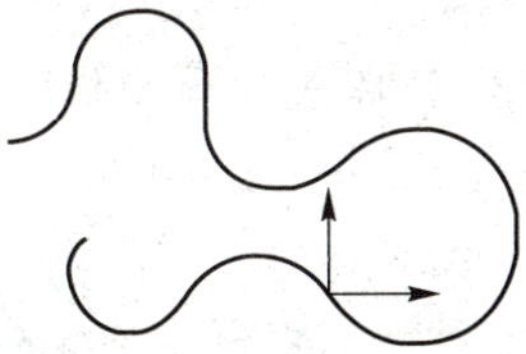
中心线	绘制回转体的中心线或对称图形的对称线	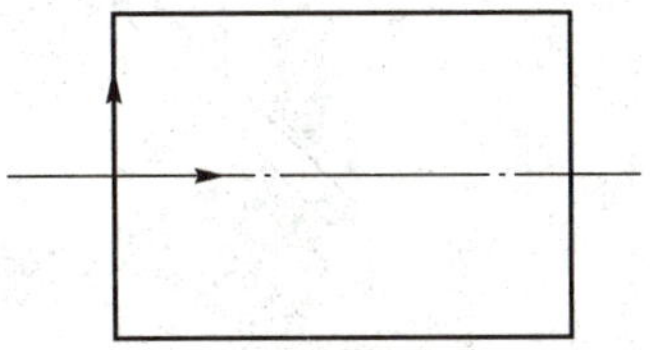
等距线	以等距方式生成一条或多条给定曲线的等距线	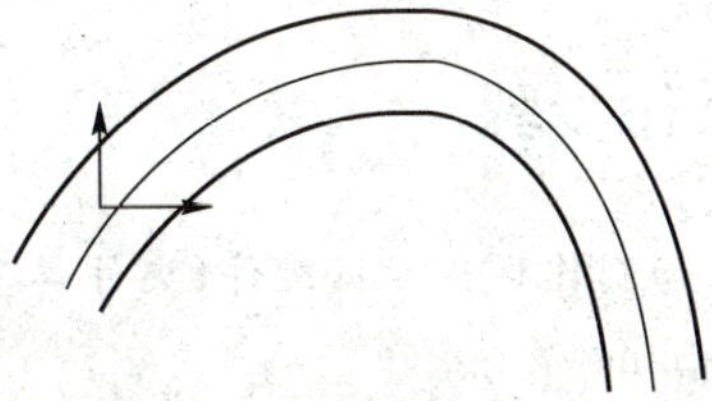
公式曲线	公式曲线即数学表达式的曲线图形,也就是根据数学公式(或参数表达式)绘制出相应的数学曲线,公式的给出既可以是直角坐标形式,也可以是极坐标形式	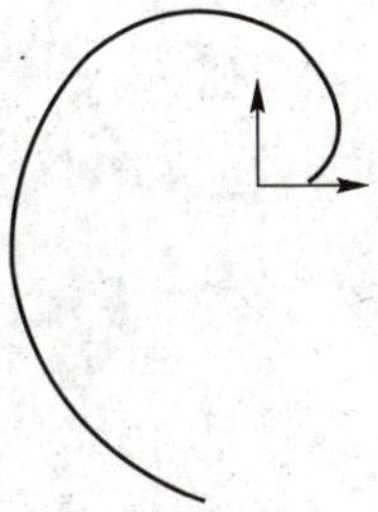
剖面线	在指定的区域内或根据拾取到的曲线搜索封闭环生成剖面线	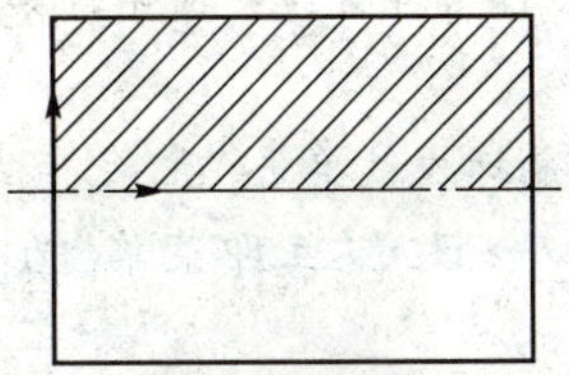
填充	填充实际上是一种图形类型,可对封闭区域的内部进行填充,对于某些零件剖面需要涂黑时可用此功能	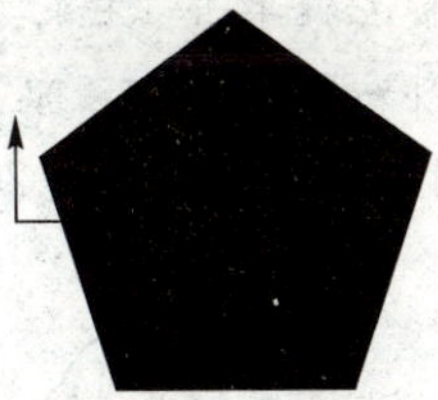
文字	文字主要用于对图形进行补充说明	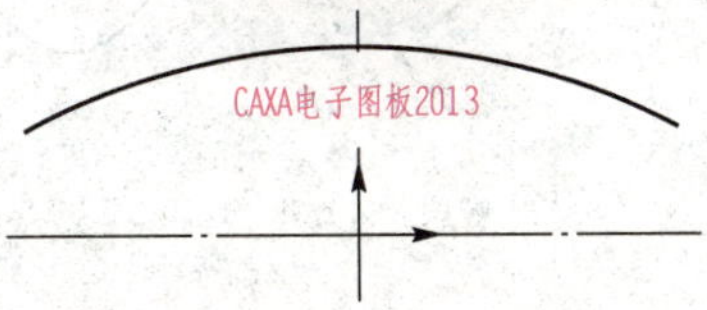 CAXA电子图板2013

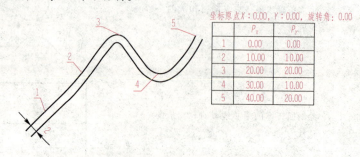

范例实施一

完成图 2-19 所示等距线的绘制。

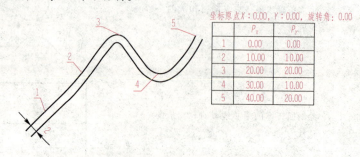

坐标原点X：0.00，Y：0.00，旋转角：0.00

	P_x	P_y
1	0.00	0.00
2	10.00	10.00
3	20.00	20.00
4	30.00	10.00
5	40.00	20.00

图 2-19 等距线的绘制范例

操作步骤

（1）制作样条数据文件（文件类型为＊.dat，可用任何文本编辑器编辑），其结构如下：

spline

5

0，0

10，10

20，20

30，10

40，20

eof

第一行为样条线关键字，第二行为插入值点个数，以下为各点的坐标值，最后一行为结束符。

（2）鼠标左键单击"主菜单栏"上"绘图（D）"→"样条（S）"或鼠标左键单击"绘图工具"工具栏上 → 设置"立即菜单"为 1.从文件读入 → 打开制作的样条数据文件完成样条曲线的绘制。

（3）鼠标左键单击"主菜单栏"上"绘图（D）"→"等距线（F）"或鼠标左键单击"绘图工具"工具栏上 → 设置"立即菜单"为 1.单个拾取 ▼ 2.指定距离 ▼ 3.单向 ▼ 4.空心 ▼ 5.距离 2   6.份数 1 → 拾取已绘制样条线，如图 2-20 所示→选择向右箭头→单击鼠标右键结束操作，如图 2-21 所示。

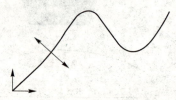

图 2-20 等距线的绘制（一）

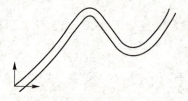

图 2-21 等距线的绘制（二）

范例实施二

绘制图 2-22 所示多个封闭环的剖面线。

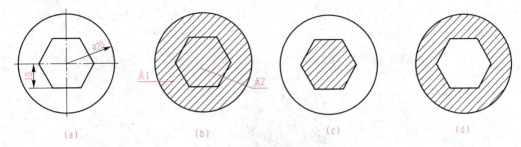

图 2-22　剖面线的绘制范例

(a)图形尺寸；(b)忽略内边界；(c)忽略外边界；(d)同时考虑内外边界

操作步骤

（1）鼠标左键单击"主菜单栏"上"绘图(D)"→"圆(C)"→"圆(C)"或鼠标左键单击"绘图工具"工具栏上 ⊙ →设置"立即菜单"为 `1. 圆心_半径 ▼ 2. 半径 ▼ 3. 无中心线 ▼` →输入圆心坐标(0，0)→按"回车"键确认→输入半径 20→按"回车"键确认。

（2）鼠标左键单击"主菜单栏"上"绘图(D)"→"正多边形(Y)"或鼠标左键单击"绘图工具"工具栏上 ⬡ →设置"立即菜单"为

`1. 中心定位 ▼ 2. 给定半径 ▼ 3. 外切于圆 ▼ 4.边数 6　　5. 旋转角 0　　6. 无中心线 ▼` →输入中心定位点坐标(0，0)→按"回车"键确认→输入外切圆半径 10→按"回车"键确认。

（3）鼠标左键单击"主菜单栏"上"绘图(D)"→"剖面线(H)"或鼠标左键单击"绘图工具"工具栏上 ▨ →设置"立即菜单"为

`1. 拾取点 ▼ 2. 不选择剖面图案 ▼ 3. 非独立 ▼ 4.比例: 3　　5.角度 45　　6.间距错开: 0` →按提示要求"拾取环内点："，用鼠标左键单击图 2-22 中点 1 处，则生成"忽略内边界"剖面线；单击图 2-22 中点 2 处，则生成"忽略外边界"剖面线；如果先单击点 1，再单击点 2，则生成"同时考虑内外边界"剖面线。

范例实施三

绘制图 2-23 所示余弦曲线。

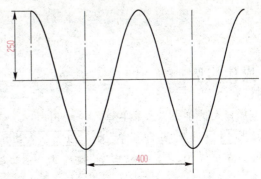

图 2-23　余弦曲线的绘制范例

操作步骤

　　鼠标左键单击"主菜单栏"上"绘图（D）"→"公式曲线（M）"或鼠标左键单击"绘图工具"工具栏上 [图标] →设置"公式曲线"对话框，如图 2-24 所示→鼠标左键单击"确定"按钮→输入"曲线定位点"坐标(0，0)→按"回车"键确认。

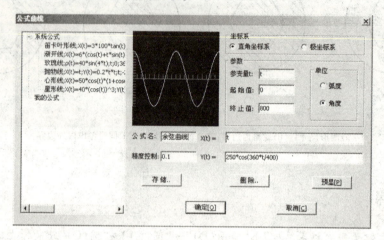

图 2-24　"公式曲线"对话框

范例实施四

　　用"轮廓线"方式绘制如图 2-25 所示图形。

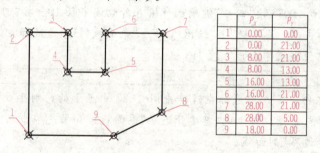

	P_x	P_y
1	0.00	0.00
2	0.00	21.00
3	8.00	21.00
4	8.00	13.00
5	16.00	13.00
6	16.00	21.00
7	28.00	21.00
8	28.00	5.00
9	18.00	0.00

图 2-25　轮廓线的绘制范例

操作步骤

　　鼠标左键单击"主菜单栏"上"绘图（D）"→"多段线（P）"或鼠标左键单击"绘图工具"工具栏上 [图标] →设置"立即菜单"为 `1. 直线 ▾  2. 封闭  3. 起始宽度 0    4. 终止宽度 0` →输入第一点坐标(0，0)→按"回车"键确认→依次输入坐标点并按"回车"键→按"回车"键确认。

任务二　高级曲线的绘制

高级曲线是指由基本元素组成的一些特定的图形或特定的曲线。这些曲线都能完成绘图设计的某些特殊要求。本任务将详细介绍"绘图工具Ⅱ"工具栏中高级曲线的功能和操作方法。

一、齿形的绘制

齿轮在机械传动中得到了广泛的应用。CAXA 电子图板 2013 提供了"渐开线齿轮齿形"的绘制方法。在学习如何绘制齿轮之前需要了解齿轮的参数关系，如表 2-11 所示。

表 2-11　齿形的绘制

参数	公式
齿距(P)	$P = \pi \times m = \pi \times d / Z$
齿数(Z)	一个齿轮的轮齿总数 $Z = d / m = \pi \times d / P$
模数(m)	$m = P / \pi = d / Z$
分度圆直径(d)	齿轮的轮齿尺寸均以此圆为基准而加以确定，$d = m \times Z$
齿顶圆直径(d_a)	$d_a = m \times (Z + 2)$
齿根圆直径(d_f)	$d_f = m \times (Z - 2.5)$
齿高(h)	$h = 2.25 \times m$
齿顶高(h_a)	$h_a = m$
齿根高(h_f)	$h_f = 1.25 \times m$
齿厚(S)	$S = P / 2 = \pi \times m / 2$
中心距(a)	$a = (m \times Z_1 + m \times Z_2) / 2 = (d_1 + d_2) / 2$

范例实施

完成图 2-26 所示齿形的绘制$(m = 2)$。

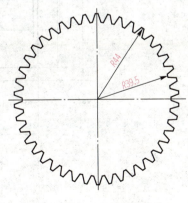

图 2-26　齿形的绘制

操作步骤

　　鼠标左键单击"主菜单栏"上"绘图(D)"→"齿形(G)"或鼠标左键单击"绘图工具Ⅱ"工具栏上 ⚙ →如图 2-27 和图 2-28 所示填写齿形参数→输入齿轮定位点坐标(0，0)→按"回车"键确认。

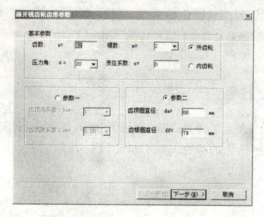

图 2-27　齿形参数(一)

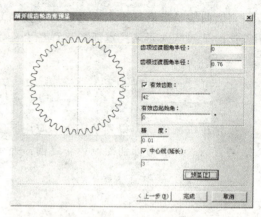

图 2-28　齿形参数(二)

二、孔/轴的绘制

　　轴套类零件是机械设备中最常用的零件。CAXA 电子图板专门定义了轴/孔的绘制方式，比起其他二维绘图软件，此功能用起来方便很多。

范例实施

　　完成图 2-29 所示轴类零件的绘制。

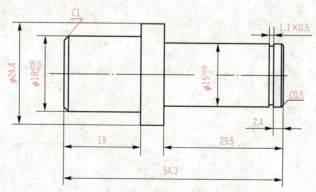

图 2-29　轴类零件的绘制范例

操作步骤

鼠标左键单击"主菜单栏"上"绘图(D)"→"孔/轴(X)"或鼠标左键单击"绘图工具Ⅱ"工具栏上▭→设置"立即菜单"为 | 1.轴 ▾ 2.直接给出角度 ▾ 3.中心线角度 0 |→输入"插入点"坐标(0，0)→按"回车"键确认→设置"立即菜单"为

| 1. 轴 ▾ 2.起始直径 16 | 3.终止直径 18 | 4. 有中心线 ▾ 5.中心线延伸长度 3 |→输入
轴的长度为 1→按"回车"键确认→设置"立即菜单"为

| 1. 轴 ▾ 2.起始直径 18 | 3.终止直径 18 | 4. 有中心线 ▾ 5.中心线延伸长度 3 |→输入
轴的长度为 18→按"回车"键确认→设置"立即菜单"为

| 1. 轴 ▾ 2.起始直径 24.4 | 3.终止直径 24.4 | 4. 有中心线 ▾ 5.中心线延伸长度 3 |→输入
轴的长度为 5.8→按"回车"键确认→设置"立即菜单"为

| 1. 轴 ▾ 2.起始直径 15 | 3.终止直径 15 | 4. 有中心线 ▾ 5.中心线延伸长度 3 |→输入
轴的长度为 26→按"回车"键确认→设置"立即菜单"为

| 1. 轴 ▾ 2.起始直径 14 | 3.终止直径 14 | 4. 有中心线 ▾ 5.中心线延伸长度 3 |→输入
轴的长度为 1.1→按"回车"键确认→设置"立即菜单"为

| 1. 轴 ▾ 2.起始直径 15 | 3.终止直径 15 | 4. 有中心线 ▾ 5.中心线延伸长度 3 |→输入
轴的长度为 1.9→按"回车"键确认→设置"立即菜单"为

| 1. 轴 ▾ 2.起始直径 15 | 3.终止直径 14 | 4. 有中心线 ▾ 5.中心线延伸长度 3 |→输入
轴的长度为 0.5→按"回车"键确认→单击鼠标右键结束操作，如图 2-30 所示。

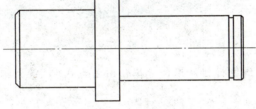

图 2-30　轴类零件的绘制

三、其他高级曲线的绘制

CAXA 电子图板 2013 除提供了上述高级曲线外还提供了"波浪线""双折线""箭头"和"圆弧拟合样条"的绘制，如表 2-12 所示。

表 2-12　其他高级曲线的绘制

其他高级曲线绘制方式	功能	图例
波浪线	按给定方式生成波浪曲线。改变波峰高度可以调整波浪曲线的各曲线的曲率和方向	

其他高级曲线绘制方式	功能	图例
双折线	绘制表示工程图上折断部分的双折线	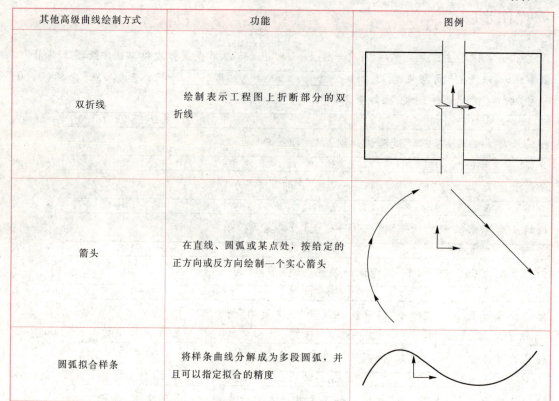
箭头	在直线、圆弧或某点处，按给定的正方向或反方向绘制一个实心箭头	
圆弧拟合样条	将样条曲线分解成为多段圆弧，并且可以指定拟合的精度	

范例实施

将图 2-11 所示样条线进行圆弧拟合，拟合误差为 0.1，最大拟合半径为 9 999。

操作步骤

（1）绘制如图 2-11 所示样条线（略）。

（2）鼠标左键单击"主菜单栏"上"绘图（D）"→"圆弧拟合样条（J）"或鼠标左键单击"绘图工具Ⅱ"工具栏上 → 设置"立即菜单"为

| 1.不光滑连续 ▾ | 2.保留原曲线 ▾ | 3.拟合误差 0.1 | 4.最大拟合半径 9999 | → 拾取需要拟合的样条线，如图 2-31 所示。

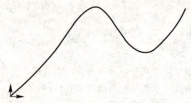

图 2-31　圆弧拟合样条的绘制

任务三　应用示例

一、完成轴的主视图(如图 2-32 所示)的绘制

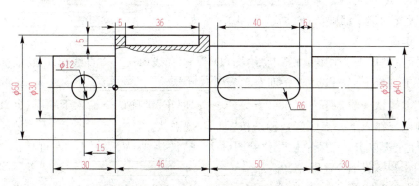

图 2-32　轴的绘制范例

1. 图形分析

该图表达了一个带有圆孔和键槽的轴,因此可以用绘制"孔/轴"命令来画出轴的主要轮廓线;用绘制"圆"命令画出"φ30"轴上的小圆;用绘制"轮廓线"命令画出"φ40"轴上的键槽;用绘制"直线"命令画出"φ50"轴上的键槽,由于该键槽是采用局部剖视表示的,因此要用绘制"波浪线"命令画出局部剖视中的波浪线,用绘制"剖面线"命令画出剖面线。

绘制该图时,将坐标原点选在"φ50"轴的左端面投影竖直线与中心线的交点处,根据图中所标的尺寸,就可以计算出绘制各部分图形所需的尺寸。

2. 图形绘制

(1)鼠标左键单击"主菜单栏"上"绘图(D)"→"孔/轴(X)"或鼠标左键单击"绘图工具Ⅱ"工具栏上 █ →设置"立即菜单"为 `1.轴 ▾ 2.直接给出角度 ▾ 3.中心线角度 0` →输入"插入点"坐标(−30,0)→按"回车"键确认→设置"立即菜单"为

`1.轴 ▾ 2.起始直径 30    3.终止直径 30    4.有中心线 ▾ 5.中心线延伸长度 3` →输入轴的长度为30→按"回车"键确认→设置"立即菜单"为

`1.轴 ▾ 2.起始直径 50    3.终止直径 50    4.有中心线 ▾ 5.中心线延伸长度 3` →输入轴的长度为46→按"回车"键确认→设置"立即菜单"为

`1.轴 ▾ 2.起始直径 40    3.终止直径 40    4.有中心线 ▾ 5.中心线延伸长度 3` →输入轴的长度为50→按"回车"键确认→设置"立即菜单"为

`1.轴 ▾ 2.起始直径 30    3.终止直径 30    4.有中心线 ▾ 5.中心线延伸长度 3` →输入轴的长度为30→按"回车"键确认→单击鼠标右键结束"孔/轴"的绘制。

(2)鼠标左键单击"主菜单栏"上"绘图(D)"→"圆(C)"→"圆(C)"或鼠标左键单击"绘图工具"工具栏上 ◉ →设置"立即菜单"为

| 1. 圆心_半径 ▾ | 2. 半径 ▾ | 3. 有中心线 ▾ | 4.中心线延伸长度 | 2 | →输入圆心坐标（－15，0）→按"回车"键确认→输入半径6→按"回车"键确认。

（3）鼠标左键单击"主菜单栏"上"绘图（D）"→"多段线（P）"或鼠标左键单击"绘图工具"工具栏上 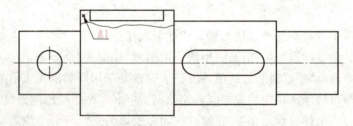→设置"立即菜单"为 | 1. 圆弧 ▾ | 2. 封闭 ▾ | 3.起始宽度 | 0 | 4.终止宽度 | 0 | →输入第一点坐标（84，6）→按"回车"键确认→输入下一点坐标（84，－6）→按"回车"键确认→设置"立即菜单"为 | 1. 直线 ▾ | 2. 封闭 ▾ | 3.起始宽度 | 0 | 4.终止宽度 | 0 | →输入下一点坐标（@28，0）→按"回车"键确认→设置"立即菜单"为 | 1. 圆弧 ▾ | 2. 封闭 ▾ | 3.起始宽度 | 0 | 4.终止宽度 | 0 | →输入下一点坐标（@0，12）→按"回车"键确认→设置"立即菜单"为 | 1. 直线 ▾ | 2. 封闭 ▾ | 3.起始宽度 | 4.终止宽度 | →按"回车"键确认。

（4）鼠标左键单击"主菜单栏"上"绘图（D）"→"直线（L）"→"直线（L）"或鼠标左键单击"绘图工具"工具栏上 →设置"立即菜单"为 | 1. 两点线 ▾ | 2. 连续 ▾ | →输入第一点（5，25）→按"回车"键确认→输入下一点（@0，－5）→按"回车"键确认→输入下一点（@28，0）→按"回车"键确认→输入下一点（@0，5）→按"回车"键确认。

（5）鼠标左键单击"主菜单栏"上"绘图（D）"→"波浪线（V）"或鼠标左键单击"绘图工具Ⅱ"工具栏上 →设置"立即菜单"为 | 1.波峰 | 1 | 2.波浪线段数 | 2 | →输入第一点坐标（0，18）→按"回车"键确认→输入下一点坐标（46，18）→按"回车"键确认→单击鼠标右键结束操作，如图2-33所示。

图2-33 轴的绘制（一）

（6）鼠标左键单击"主菜单栏"上"绘图（D）"→"剖面线（H）"或鼠标左键单击"绘图工具"工具栏上 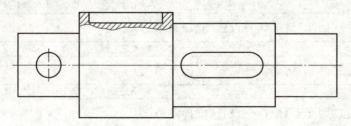→设置"立即菜单"为

| 1. 拾取点 ▾ | 2. 不选择剖面图案 ▾ | 3. 非独立 ▾ | 4.比例 | 2 | 5.角度 | 45 | 6.间距错开 | 0 | →按提示要求"拾取环内点："，用鼠标左键单击图2-33中点1处→单击鼠标右键结束操作，如图2-34所示。

图2-34 轴的绘制（二）

二、完成槽轮剖视图(如图 2-35 所示)的绘制

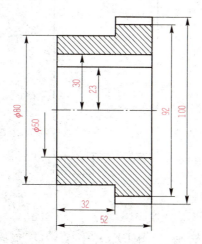

图 2-35　槽轮剖视图的绘制范例

1. 图形分析

该图表达了一个带有键槽的槽轮,因此可以用绘制"孔/轴"命令来画出槽轮的主体轮廓线;用绘制"平行线"命令画出槽轮的槽根线和键槽;最后用绘制"剖面线"命令画出槽轮的剖面线。

2. 图形绘制

(1)鼠标左键单击"主菜单栏"上"绘图(D)"→"孔/轴(X)"或鼠标左键单击"绘图工具Ⅱ"工具栏上[　]→设置"立即菜单"为 `1.孔 · 2.直接给出角度 · 3.中心线角度 0`→输入"插入点"坐标(0,0)→按"回车"键确认→设置"立即菜单"为

`1.孔 · 2.起始直径 80 3.终止直径 80 4.有中心线 · 5.中心线延伸长度 3`→输入轴的长度为 32→按"回车"键确认→设置"立即菜单"为 `1.孔 · 2.起始直径 100 3.终止直径 100 4.有中心线 · 5.中心线延伸长度 3`→输入轴的长度为 20→按"回车"键确认→单击鼠标右键结束操作,如图 2-36 所示。

(2)鼠标左键单击"主菜单栏"上"绘图(D)"→"直线(L)"→"直线(L)"或鼠标左键单击"绘图工具"工具栏上[　]→设置"立即菜单"为 `1.两点线 · 2.单根 ·`→按"空格"键→按"E"键→鼠标左键单击线 1(如图 2-36 所示)左端→按"E"键→鼠标左键单击线 2 左端→按"E"键→鼠标左键单击线 3 右端→按"E"键→鼠标左键单击线 4 右端→单击鼠标右键结束操作,如图 2-37 所示。

(3)鼠标左键单击"主菜单栏"上"绘图(D)"→"孔/轴(X)"或鼠标左键单击"绘图工具Ⅱ"工具栏上[　]→设置"立即菜单"为 `1.孔 · 2.直接给出角度 · 3.中心线角度 0`→输入"插入点"坐标(0,0)→按"回车"键确认→设置"立即菜单"为

`1.孔 · 2.起始直径 50 3.终止直径 50 4.有中心线 · 5.中心线延伸长度 3`→输入轴的长度为 52→按"回车"键确认→单击鼠标右键结束操作,如图 2-38 所示。

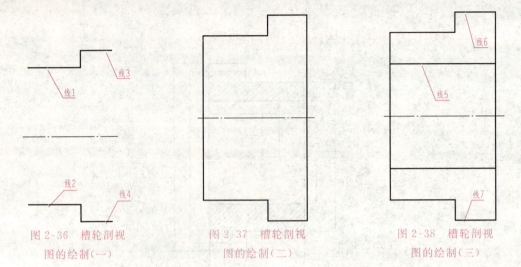

图 2-36 槽轮剖视　　　　图 2-37 槽轮剖视　　　　图 2-38 槽轮剖视
　图的绘制(一)　　　　　图的绘制(二)　　　　　图的绘制(三)

（4）鼠标左键单击"主菜单栏"上"绘图(D)"→"平行线(O)"或鼠标左键单击"绘图工具"工具栏上 ⊘ →设置"立即菜单"为 1. 偏移方式　2. 单向 →鼠标左键拾取线 5（如图 2-38 所示）→移动光标到直线的上侧→输入平移距离 5→按"回车"键确认→移动光标到直线的下侧→输入平移距离 2→按"回车"键确认，如图 2-4 所示→单击鼠标右键结束操作→删除线 5，如图 2-39 所示。

（5）鼠标左键单击"主菜单栏"上"绘图(D)"→"平行线(O)"或鼠标左键单击"绘图工具"工具栏上 ⊘ →设置"立即菜单"为 1. 偏移方式　2. 单向 →鼠标左键拾取线 6（如图 2-38 所示）→移动光标到直线的下侧→输入平移距离 4→按"回车"键确认→单击鼠标右键结束操作→按"空格"键（重复上次操作）→鼠标左键拾取线 7（如图 2-38 所示）→移动光标到直线的上侧→输入平移距离 4→按"回车"键确认→单击鼠标右键结束操作，如图 2-40 所示；

（6）鼠标左键单击"主菜单栏"上"绘图(D)"→"剖面线(H)"或鼠标左键单击"绘图工具"工具栏上 ▦ →设置"立即菜单"为

| 1:拾取点 | 2.不选择剖面图案 | 3.非独立 | 4.比例: 2 | 5.角度 45 | 6间距错开: 0 |

→按提示要求"拾取环内点:"，用鼠标左键单击点 1、点 2（如图 2-40 所示）处→单击鼠标右键结束操作，如图 2-41 所示。

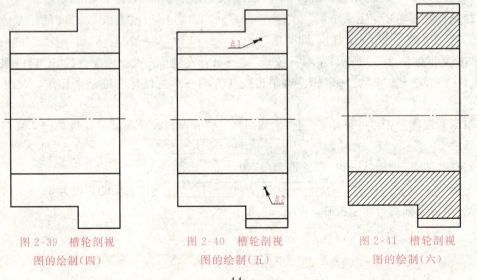

图 2-39 槽轮剖视　　　　图 2-40 槽轮剖视　　　　图 2-41 槽轮剖视
　图的绘制(四)　　　　　图的绘制(五)　　　　　图的绘制(六)

三、完成拨瓶器支撑杆座主、剖视图(如图 2-42 所示)的绘制

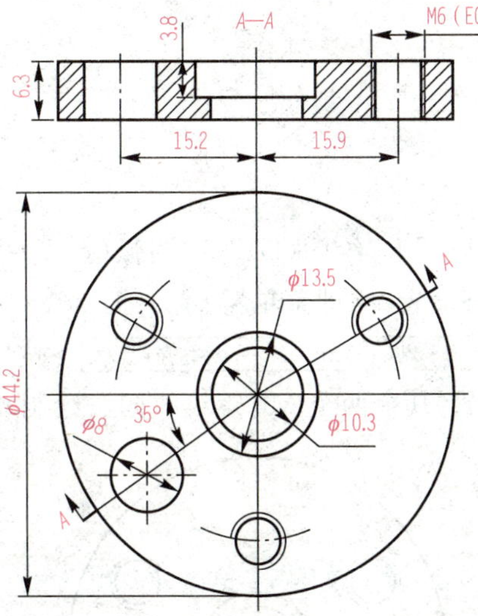

图 2-42　拨瓶器支撑杆座主、剖视图的绘制范例

1. 图形分析

该图由一个主视图和剖视图组成，归属于盘类零件。可以用"圆"及"圆弧"命令来画出主视图；用"孔/轴"命令来画出剖视图主体；用"平行线"画出剖视图 M6 螺纹和 $\phi 8$ 孔；用"中心线"命令画出剖视图中剩下的中心线；最后用"剖面线"命令画出剖面线。

2. 图形绘制

(1)鼠标左键单击"主菜单栏"上"绘图(D)"→"圆(C)"→"圆(C)"或鼠标左键单击"绘图工具"工具栏上 ⊙ →设置"立即菜单"为 [1. 圆心_半径 ▾ 2. 半径 ▾ 3. 有中心线 4.中心线延伸长度 2] →输入圆心坐标(0，0)→按"回车"键确认→输入半径 5.15→按"回车"键确认→输入半径 6.75→按"回车"键确认→输入半径 22.1→按"回车"键确认→单击鼠标右键结束操作。

(2)鼠标左键单击"主菜单栏"上"绘图(D)"→"圆(C)"→"圆(C)"或鼠标左键单击"绘图工具"工具栏上 ⊙ →设置"立即菜单"为 [1. 圆心_半径 ▾ 2. 半径 ▾ 3. 无中心线] →输入圆心坐标(15.9，30)→按"回车"键确认→输入半径 2.6→按"回车"键确认→单击鼠标右键结束操作。同理绘制其他两个 M6 底孔圆，圆心坐标为（15.9，150）、（15.9，270)，如图 2-43 所示。

(3)鼠标左键单击"主菜单栏"上"绘图(D)"→"圆(C)"→"圆(C)"或鼠标左键单击"绘图工具"工具栏上 ⊙ →设置"立即菜单"为 [1. 圆心_半径 ▾ 2. 半径 ▾ 3. 无中心线] →输入圆心坐标(15.2，215)→按"回车"键确认→输入半径 4→单击鼠标右键结束操作。

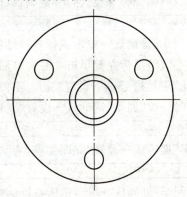

图 2-43　拨瓶器支撑杆座
主、剖视图的绘制(一)

（4）鼠标左键单击"主菜单栏"上"格式(O)"→"图层(L)"→出现"层设置"对话框→选择线型为"细实线"的"细实线层"为当前层或在"颜色图层"工具栏中直接选择好当前图层所示，如图 2-44 所示。

图 2-44　颜色图层

（5）鼠标左键单击"主菜单栏"上"绘图(D)"→"圆弧(A)"→"两点半径(T)"或鼠标左键单击"绘图工具"工具栏上□→设置"立即菜单"为

| 1.圆心_半径_起终角 ▼ 2.半径= 3 | 3.起始角= 255 | 4.终止角= 195 | →按"空格"键→按"C"键→鼠标

左键拾取图 2-43 中任一φ5.2 圆（其余两个 M6 螺纹线同法绘制），如图 2-45 所示。

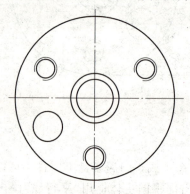

图 2-45　拨瓶器支撑杆座主、剖视图的绘制（二）

（6）鼠标左键单击"主菜单栏"上"格式(O)"→"图层(L)"→出现"层设置"对话框→选择线型为"粗实线"的"粗实线层"为当前层。

（7）鼠标左键单击"主菜单栏"上"绘图(D)"→"孔/轴(X)"或鼠标左键单击"绘图工具Ⅱ"工具栏上□→设置"立即菜单"为 | 1.轴 ▼ 2.直接给出角度 3.中心线角度 90 | →输入"插入点"坐标(0，30)→按"回车"键确认→设置"立即菜单"为

| 1.轴 ▼ 2.起始直径 44.2 | 3.终止直径 44.2 | 4.有中心线 5.中心线延伸长度 3 | →输入轴的长度为 6.3→按"回车"键确认→单击鼠标右键结束操作。

（8）鼠标左键单击"主菜单栏"上"绘图(D)"→"孔/轴(X)"或鼠标左键单击"绘图工具Ⅱ"工具栏上□→设置"立即菜单"为 | 1.孔 ▼ 2.直接给出角度 3.中心线角度 90 | →输入"插入点"坐标(0，30)→按"回车"键确认→设置"立即菜单"为

| 1.孔 ▼ 2.起始直径 10.3 | 3.终止直径 10.3 | 4.有中心线 5.中心线延伸长度 3 | →输入轴的长度为 2.5→按"回车"键确认→设置"立即菜单"为

| 1.孔 ▼ 2.起始直径 13.5 | 3.终止直径 13.5 | 4.有中心线 5.中心线延伸长度 3 | →输入轴的长度为 3.8→按"回车"键确认→单击鼠标右键结束操作，如图 2-46 所示。

（9）鼠标左键单击"主菜单栏"上"绘图(D)"→"直线(L)"→"直线(L)"或鼠标左键单击"绘图工具"工具栏上□→设置"立即菜单"为 | 1.两点线 ▼ 2.单根 | →按"F6"键切换右下角捕捉方式为"智能"→鼠标左键单击点 1（如图 2-46 所示）→鼠标左键单击点 2→单击鼠标右键结束

操作，如图 2-47 所示。

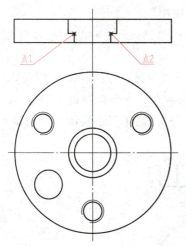

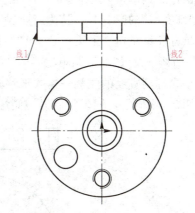

图 2-46　拨瓶器支撑杆座
主、剖视图的绘制（三）

图 2-47　拨瓶器支撑杆座
主、剖视图的绘制（四）

（10）鼠标左键单击"主菜单栏"上"绘图（D）"→"平行线（O）"或鼠标左键单击"绘图工具"工具栏上 ⊘ →设置"立即菜单"为 `1. 偏移方式 ▼ 2. 单向 ▼` →鼠标左键拾取线 1（如图 2-47所示）→移动光标到直线的右侧→输入平移距离 2.9→按"回车"键确认→输入平移距离 10.9→按"回车"键确认→单击鼠标右键结束操作。

（11）鼠标左键单击"主菜单栏"上"绘图（D）"→"平行线（O）"或鼠标左键单击"绘图工具"工具栏上 ⊘ →设置"立即菜单"为 `1. 偏移方式 ▼ 2. 单向 ▼` →鼠标左键拾取线 2（如图 2-47所示）→移动光标到直线的左侧→输入平移距离 3.6→按"回车"确认→输入平移距离 8.8→按"回车"键确认→单击鼠标右键结束操作，如图 2-48 所示。

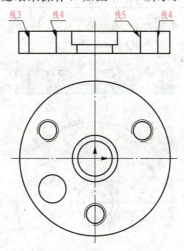

图 2-48　拨瓶器支撑杆座主、剖视图的绘制（五）

（12）鼠标左键单击"主菜单栏"上"绘图（D）"→"中心线（N）"或鼠标左键单击"绘图工具"工具栏上 ⊘ →设置"立即菜单"为 `1. 指定延长线长度 ▼ 2. 快速生成 ▼ 3. 延伸长度　3` →鼠标左

键拾取线 3，如图 2-48 所示→鼠标左键拾取线 4→单击鼠标右键→鼠标左键拾取线 5→鼠标左键拾取线 6→单击鼠标右键→单击鼠标右键结束操作。

(13)鼠标左键单击"主菜单栏"上"格式(O)"→"图层(L)"→出现"层设置"对话框→选择线型为"细实线"的"细实线层"为当前层。

(14)鼠标左键单击"主菜单栏"上"绘图(D)"→"平行线(O)"或鼠标左键单击"绘图工具"工具栏上 [图标] →设置"立即菜单"为 | 1. 偏移方式 ▼ 2. 单向 ▼ | →鼠标左键拾取线 5，如图 2-48 所示→移动光标到直线的左侧→输入平移距离 0.4→按"回车"键确认→单击鼠标右键结束操作，如图 2-49 所示，同理绘制另一侧螺纹底线。

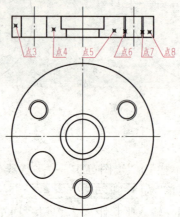

点3　点4　点5　　点6　点7　点8

图 2-49　拨瓶器支撑杆座主、剖视图的绘制(六)

(15)鼠标左键单击"主菜单栏"上"绘图(D)"→"剖面线(H)"或鼠标左键单击"绘图工具"工具栏上 [图标] →设置"立即菜单"为

| 1. 拾取点 ▼ | 2. 不选择剖面图案 ▼ | 3. 非独立 ▼ | 4. 比例：1 | 5. 角度 45 | 6. 间距错开：0 |

→按提示要求"拾取环内点："，用鼠标左键单击点 3、点 4、点 5、点 6、点 7、点 8(如图 2-49 所示)处→单击鼠标右键结束操作，如图 2-50 所示。

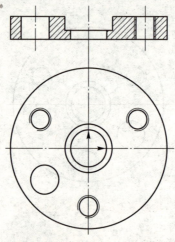

图 2-50　拨瓶器支撑杆座主、剖视图的绘制(七)

课后习题及上机操作训练

一、选择题

1. 用绘制"直线"命令中的"两点线"方式画直线，其起点坐标为(10，10)，终点坐标为(5，10)，则对终点坐标值的输入，以下正确的方式有(　　)。

    A. @−5＜0　　　　B. @−5＜180　　　　C. @−5，0　　　　D. @5，0

    E. @5，5

2. 用"两点"方式画圆时，该圆的直径(　　)。

    A. 由系统给定　　　　　　　　　　　B. 为输入的两个点之间的距离

    C. 由用户直接输入圆的直径

3. 用绘制"矩形"命令画出的一个矩形，它所包含的图形元素的个数是(　　)个。

    A. 1　　　　　　　　B. 2　　　　　　　　C. 3　　　　　　　　D. 4

    E. 不确定

4. 用"孔/轴"命令绘制出的孔和轴，其区别是(　　)。

    A. 孔有两端的端面线，轴没有　　　　　B. 轴有两端的端面线，孔没有

    C. 无区别

二、简答题

1. 在单向模式下绘制平行线，用键盘输入偏移距离时，系统根据什么来判断绘制平行线的位置？

2. 用"起点_终点_圆心角"方式绘制圆弧时，圆心角所取正、负号的不同，对所绘圆弧有什么影响？

三、上机练习

1. 熟悉基本曲线与高级曲线绘制命令及其基本操作。

2. 完成如图 2-51～图 2-54 所示图形的绘制。

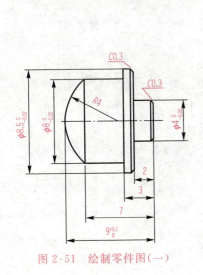

图 2-51　绘制零件图(一)

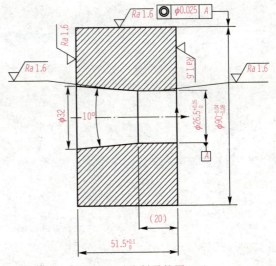

图 2-52　绘制零件图(二)

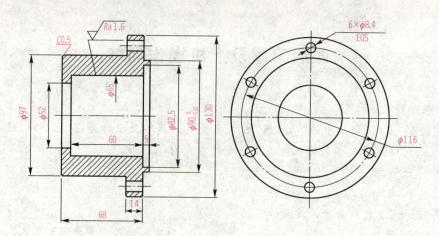

图 2-53　绘制零件图(三)

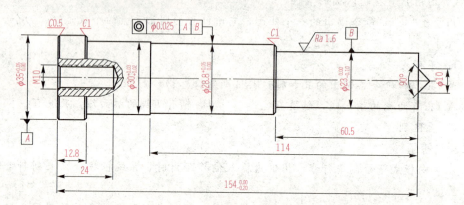

图 2-54　绘制零件图(四)

项目三　图形特性及辅助工具的应用

　　绘制一幅完整的图形，不仅要用到前面章节所介绍的"图形绘制"命令，并通过线型、颜色和图层等来区分、组织图形对象，同时还需要运用相应的辅助工具。例如，可以通过粗实线、虚线、点画线来分别表达图形中可见、不可见及轴线等部分；可利用颜色来区分图形中相似的部分；而用图层来组织图形可使画图及信息管理更加清晰、方便。其中线型、颜色和图层统称图形特性。

学习目的

　　1. 进一步熟悉 CAXA 电子图板 2013 工作界面。
　　2. 进一步熟悉 CAXA 电子图板 2013 曲线的绘制。
　　3. 掌握 CAXA 电子图板 2013 图形特性的设置。
　　4. 掌握 CAXA 电子图板 2013 辅助工具的应用。

任务一　图形特性设置

一、图层的设置

　　CAXA 电子图板 2013 同其他 CAD 软件的绘图系统一样，提供了图形分层功能。每一图层可以被想象为一张没有厚度的透明纸，上边画着属于该层的图形对象，所有这样的图层叠放在一起，就组成了一个完整的图形。

1. 图层特点

　　(1)每一图层对应有一个图层名，系统默认设置的初始图层为"0(零)层"，其预先定义了"中心线层""虚线层""尺寸线层""剖面线层""细实线层"和"隐藏层"等7个图层。用户也可以根据绘图需要命名创建图层。

　　(2)各图层具有同一坐标系，而且其缩放系数一致；每一图层对应一种颜色、一种线型。

　　(3)当前作图使用的图层称为当前层，当前层只有一个，可以切换。

　　(4)用户可根据需要控制图层的打开和关闭(即显示与隐藏)。

2. 图层的操作(如表 3-1 所示)

表 3-1 图层的操作

图层设置项目	功能
设置当前层	将某个图层设置为当前层，随后绘制的图形均放在此层上
图层更名	改变一个已有图层的名称
创建图层	创建一个新图层
删除图层	删除一个未使用过的自建图层
打开和关闭图层	打开或关闭某一图层
设置图层颜色	将选定图层上图形元素的颜色进行转换
设置图层线型	将选定图层上图形元素的线型进行转换
层锁定	锁定图层，将无法修改图层的其他特性
层打印	打印所选择图层中的内容

范例实施

分图层绘制图 3-1(不进行标注)，并设置粗实线层线宽为 0.6 mm。

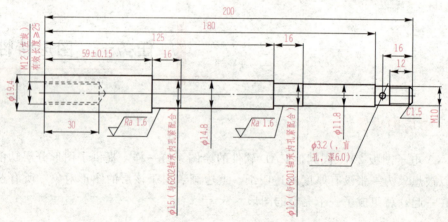

图 3-1　分图层绘制图形范例

操作步骤

(1)鼠标左键单击"主菜单栏"上"格式(O)"→"图层(L)"→出现"层设置"对话框→选择线型为"粗实线"的"粗实线层"为当前层，并修改该层线宽为 0.6 mm。

(2)利用"孔/轴"和"圆"功能绘制图形，如图 3-2 所示。

图 3-2　分图层绘制图形(一)

（3）鼠标左键单击"主菜单栏"上"格式(O)"→"图层(L)"→出现"层设置"对话框→单击"新建"按钮→设置风格名称为"M12 左旋"→设置基准风格为"粗实线层"→修改该层线型为"虚线"。

（4）利用"直线"功能绘制 M12 左旋螺纹线（略），如图 3-3 所示。

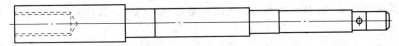

图 3-3　分图层绘制图形（二）

（5）鼠标左键单击"主菜单栏"上"格式(O)"→"图层(L)"→出现"层设置"对话框→选择线型为"细实线"的"细实线层"为当前层。

（6）利用"直线"功能绘制 M10 外螺纹，如图 3-4 所示。

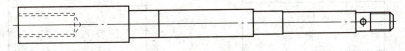

图 3-4　分图层绘制图形（三）

二、图形特性的其他常用设置

以上介绍的是针对整个层的操作，必要时还可以改变任一层上的一组或一个图形元素的属性，如表 3-2 所示。

表 3-2　其他特性设置

其他特性设置	功能
图层工具	修改图素的图层位置
线型设置	修改图素的线型及线型比例
颜色设置	修改图素的颜色

范例实施

分图层绘制图 3-5（不进行标注），设置粗实线层线宽为 0.6 mm，且设置双点画线线型"全局比例因子"为"0.5"。

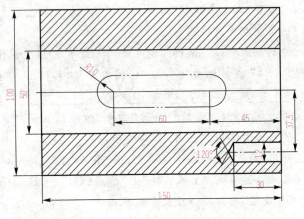

图 3-5　全局比例因子设置

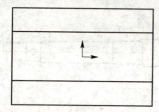

操作步骤

(1)鼠标左键单击"主菜单栏"上"格式(O)"→"图层(L)"→出现"层设置"对话框→单击"新建"按钮→设置风格名称为"双点画线层"→设置基准风格为"细实线层"→修改该层线型为"双点画线"。

(2)设置"粗实线层"为当前层且线宽为0.6 mm。

(3)利用"矩形""平行线"命令绘制粗实线图形(略),如图3-6所示。

(4)设置"中心线层"为当前层。

(5)利用"中心线"绘制中心线,如图3-7所示。

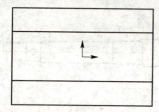

图3-6 利用"矩形"和"平行线"命令绘制图形　　图3-7 利用"中心线"命令绘制中心线

(6)设置"粗实线层"为当前层。

(7)利用"矩形""中心线"和"角度线"命令绘制矩形及三角形,如图3-8所示。

(8)设置"剖面线层"为当前层。

(9)利用"剖面线"命令绘制剖面线,如图3-9所示。

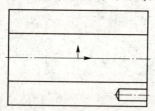
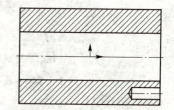

图3-8 绘制矩形及三角形　　　　图3-9 绘制剖面线

(10)设置"双点画线层"为当前层。

(11)绘制双点画线图形。

①绘制半圆部分:鼠标左键单击"主菜单栏"上"绘图(D)"→"圆弧(A)"→"圆心_半径_起终角(R)"或鼠标左键单击"绘图工具"工具栏上 → 设置"立即菜单"为

1. 圆心_半径_起终角	2.半径= 10	3.起始角= 90	4.终止角= 270

→输入圆心点坐标(−30，0)→按"回车"键确认。同理，在轴线上右侧画出右半圆,如图3-10所示。

②利用"两点线"命令连接端点,如图3-11所示。

③鼠标左键单击"主菜单栏"上"格式(O)"→"线型(I)"→出现"线型设置"对话框→设置参数如图3-12所示。

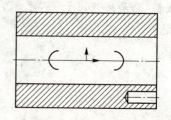

图3-10 绘制半圆

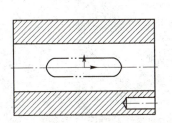

图 3-11　利用"两点线"命令连接端点

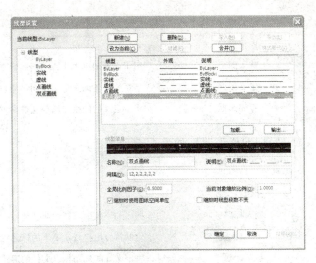

图 3-12　线型设置

任务二　辅助工具的应用

一、幅面的设置

绘制工程图样的第一项工作就是选择一张适当大小的图纸（图幅）并在其上绘制出图形的外框（图框）。国家标准中对机械制图的图纸大小作了统一规定，即图纸大小共分为 5 个规格，分别是 A0、A1、A2、A3、A4。

CAXA 电子图板 2013 按照国标的规定，在系统内部设置了上述 5 种标准的图框和标题栏。系统还允许用户根据自己的设计和绘图特点自定义图幅、图框，存成模板文件，供绘图调用。

（1）图纸幅面设置，如表 3-3 所示。

表 3-3　图纸幅面设置

图纸幅面设置	功能
图纸幅面	选择标准图纸幅面或自定义图纸幅面
绘图比例	可以根据实际需要选择或输入想要的比例值
标注字高相对幅面固定	就是标注高度相对于幅面变化，一般不勾选此项
图纸方向	可以"横放"和"竖放"图纸，被选中呈黑点
图框	可以"调入图框"和"定制图框"
调入	可以调入"标题栏""顶框栏"和"边框栏"
当前风格	可以选择"明细表"和"零件序号"风格

（2）图框设置，如表 3-4 所示。

表 3-4 图框设置

图框设置	功能
调入图框	用于设置图纸大小、图纸放置方向及绘图比例
定义图框	当系统提供的图框不能满足用户的具体需要时，可自行定义图框
存储图框	将自定义的图框以图框文件的方式存盘，以供后续调用

（3）标题栏设置，如表 3-5 所示。

表 3-5

标题栏设置	功能
调入标题栏	插入一个新的标题栏或替代原标题栏
定义标题栏	定制符合用户特定要求的标题栏
存储标题栏	将定义好的标题栏以文件的形式存盘，以供后续使用
填写标题栏	填写标题栏中的内容

范例实施

绘制、定义并存储如图 3-13 所示（不进行标注）的标题栏。

图 3-13 标题栏绘制范例

操作步骤

（1）在屏幕上绘制所要定制的标题栏，如图 3-14 所示。

图 3-14 标题栏绘制（一）

（2）鼠标左键单击"主菜单栏"上"幅面（P）"→"标题栏（T）"→"定义（D）"→鼠标左键框选图 3-14 中所有图素→鼠标右键结束拾取→鼠标左键拾取右下角为基准点→在弹出对话框中填写好标题栏名称保存即可。

（3）鼠标左键单击"主菜单栏"上"幅面（P）"→"标题栏（T）"→"编辑（E）"→鼠标左键单击右侧工具栏"属性定义"按钮→弹出如图 3-15 所示对话框→填写并定义好对话框内容后单击"确定"按钮→单击如图 3-13 中"图名"位置。同理定义其他需填写内容的属性，如图 3-16 所示。

图 3-15　属性定义

		材料	材料名称	比例	比例
（图名）		数量	数量	图号	图号
制图	制图签名	制图日期		学校、班级名称	
审核	审核签名	审核日期			

图 3-16　标题栏绘制（二）

（4）退出块编辑，完成标题栏的定义。

二、其他辅助工具的应用

常用的其他辅助工具有目标捕捉、用户坐标的设置、三视图导航及系统查询工具，如表 3-6 所示。

表 3-6　辅助工具的应用

其他辅助工具		功能
目标捕捉	捕捉点设置	设置鼠标在屏幕上点的捕捉方式，分为"自由点""栅格点""智能点"及"导航点"捕捉
	工具点	使用鼠标捕捉工具点菜单中的某个特征点，在系统要求输入点时，可临时调用点的捕捉功能，即按一下"空格"键，在弹出的工具点菜单中选择

其他辅助工具		功能
用户坐标	设置坐标系	设置用户坐标系
	切换坐标系	同时设置多个用户坐标系统时，可在不同的坐标系间进行切换
	显示/隐藏坐标系	显示或隐藏用户坐标系
	删除坐标系	删除不需要的用户坐标系
三视图导航		方便用户确定投影对应关系，为绘制三视图或多视图提供的一种导航功能
系统查询	点坐标	查询各工具点方式下的坐标，可同时查询多个点
	两点距离	查询任意两点间的距离
	角度	查询圆心角、两直线夹角和三点夹角
	元素属性	查询拾取到的图形元素的属性，这些图形元素包括点、直线、圆、圆弧、样条、剖面线、块等
	周长	查询连续曲线的总长度
	面积	查询一个封闭区域或多个封闭区域构成的复杂图形的面积
	系统状态	在作图过程中随时查询当前的系统状态。这些状态包括当前颜色、当前线型、图层颜色、图号、图纸比例、图纸方向、显示比例等

范例实施

利用三视图导航功能绘制出如图 3-17 所示的三视图。

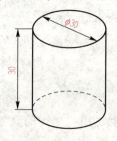

图 3-17 利用三视图导航功能绘制图形

操作步骤

（1）利用圆、矩形命令，完成主、俯视图的绘制，如图 3-18 所示。

（2）按下"F7"键，启动"三视图导航"命令，依提示在主视图右下方指定两点，设置三视图导航线，如图 3-19 所示。

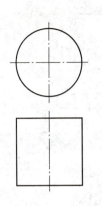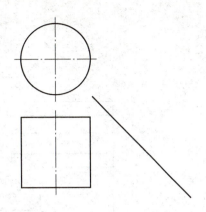

图 3-18　主、俯视图的绘制　　　　图 3-19　设置三视图导航线

（3）鼠标左键单击"绘图工具"工具栏上□图标按钮，在系统提示输入"第一角点："时，把鼠标拖到如图 3-20 所示的位置，以主、俯视图对应导航线交点作为第一角点，单击鼠标左键确认；以同样方法捕捉第二角点，如图 3-21 所示。

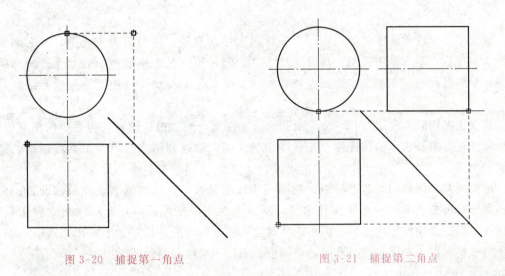

图 3-20　捕捉第一角点　　　　　　图 3-21　捕捉第二角点

（4）用"中心线"命令完成左视图中心线的绘制。

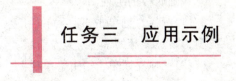

绘制如图 3-22 所示承轴座的三视图，以加深对绘图辅助命令应用的理解和掌握。

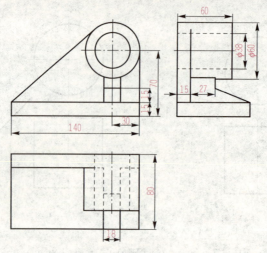

图 3-22 承轴座的三视图

一、设计分析

该图是一个轴承座零件的三视图，根据国家标准规定：左上部为主视图，其右侧为左视图，主视图正下方是俯视图。该轴承座主要由圆柱筒、长方形底板、后立支撑板和肋板组成。绘图过程是，先画出主视图，然后利用导航点、工具点及三视图导航功能绘制另外两个视图。

绘制主视图时，先用"矩形"命令绘制底板主视图，然后根据圆柱筒与底板的相对位置，确定圆的对称中心线，画圆柱筒在主视图中的两圆，最后利用导航点及工具点捕捉绘制支撑板和肋板。

画俯视图时仍利用屏幕点导航，绘图顺序依然是底板、圆柱筒、支撑板和肋板。由于圆柱筒与肋板相切部分没有转向轮廓线，所以俯视图中支撑板可见轮廓线要画到切点处，且圆柱左端轮廓到支撑板处。肋板在圆柱筒之下部分不可见，轮廓为虚线。

对于左视图，利用三视图导航，根据主、俯视图来绘制，画图顺序不变。

二、操作步骤

1. 绘制主视图

1）画底板的主视图

（1）鼠标左键单击"主菜单栏"上"格式（O）"→"图层（L）"→出现"层设置"对话框→选择线型为"粗实线"的"0 层"为当前层。

（2）鼠标左键单击"主菜单栏"上"绘图（D）"→"矩形（R）"或鼠标左键单击"绘图工具"工具栏上 ▭ →设置"立即菜单"为

1.长度和宽度 ▾	2.顶边中点 ▾	3.角度 0	4.长度 140	5.宽度 15	6.无中心线 ▾

屏幕上出现一绿色可移动的矩形，系统将提示"定位点"→输入坐标点（−100，40）→单击鼠标右键确认并结束操作。

2)绘制圆柱筒的主视图

(1)设置"中心线层"为当前层。

(2)鼠标左键单击"主菜单栏"上"绘图(D)"→"直线(L)"→"直线(L)"或鼠标左键单击
"绘图工具"工具栏上 → 设置"立即菜单"为 1. 两点线 ▾ 2. 单根 ▾ →按"F8"键，切换为正交模式
→输入第一点坐标(−60，20)→按"回车"键→输入第二点坐标(@0，110)→单击鼠标右键
确认→输入第一点坐标(−25，95)→按"回车"键→输入第二点坐标(@−70，0)→单击鼠标
右键确认并结束操作。

(3)设置"0 层"为当前层。

(4)鼠标左键单击"主菜单栏"上"绘图(D)"→"圆(C)"→"圆(C)"或鼠标左键单击"绘图
工具"工具栏上 → 设置"立即菜单"为 1. 圆心_半径 ▾ 2. 直径 ▾ 3. 无中心线 ▾ →按下"空格"键，在
弹出的"工具点菜单"中选取"交点"→将鼠标移至点画线交点位置时，单击鼠标左键，则系
统将捕捉的交点作为圆心→分别输入圆的直径 38 和 60→按"回车"键→单击鼠标右键确认并
结束操作，如图 3-23 所示。

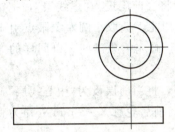

图 3-23 主视图的绘制(一)

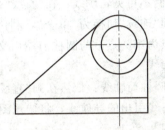

图 3-24 主视图的绘制(二)

3)绘制后立支撑板的主视图

(1)按"F6"键切换屏幕点状态为"导航"。

(2)画铅垂直线：鼠标左键单击"主菜单栏"上"绘图(D)"→"直线(L)"→"直线(L)"或
鼠标左键单击"绘图工具"工具栏上 →设置"立即菜单"为 1. 两点线 ▾ 2. 单根 ▾ →按"F8"键，切
换为正交模式→按"空格"键，选取"工具点菜单"中的"象限点"选项→将鼠标移至外圆的右
象限点处，单击鼠标左键，以此为第一点→由导航功能，用鼠标左键单击底板右上角点作
为第二点→按"回车"键。

(3)绘制与圆柱相切部分：启动"直线"命令，以"两点线"方式绘制该直线，如图 3-24 所示。

4)绘制肋板主视图

(1)画铅垂直线：鼠标左键单击"绘图工具"工具栏上 → 设置"立即菜单"为
1. 两点线 ▾ 2. 单根 ▾ →按"F8"键，切换为正交模式→输入第一点坐标(−69，40)→按"空格"键，选取
"工具点菜单"中的"屏幕点"选项→向上移动鼠标，当移动
到外圆时，光标会显示一个相交符号→单击鼠标左键。同
样的方法画出第二条直线，其第一点坐标是(−51，40)。

(2)画水平直线：鼠标左键单击"绘图工具"工具栏上
→设置"立即菜单"为 1. 两点线 ▾ 2. 单根 ▾ →输入第一点坐标(−
69，55)→按"回车"键→输入第二点坐标(−51，55)→单
击鼠标右键确认并结束操作，如图 3-25 所示。

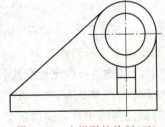

图 3-25 主视图的绘制(三)

2. 绘制俯视图

1）绘制底板的俯视图

鼠标左键单击"主菜单栏"上"绘图（D）"→"矩形（R）"或鼠标左键单击"绘图工具"工具栏上 ▢ →设置"立即菜单"为 [1.长度和宽度 ▾ 2.顶边中点 ▾ 3.角度 0 4.长度 140 5.宽度 80 6.无中心线 ▾] →屏幕上出现一绿色可移动的矩形，系统将提示"定位点"→输入坐标点（−100，−20）→单击鼠标右键确认并结束操作。

2）绘制圆柱筒的俯视图

（1）利用导航点绘制可见轮廓：鼠标左键单击"绘图工具"工具栏上 ╱ →设置"立即菜单"为 [1.两点线 ▾ 2.连续 ▾] →按"F8"键，切换为正交模式→输入第一点坐标（−30，−80）→按"回车"键→当状态栏提示"第二点："时，左移鼠标，使其与主视图中大圆左象限点的导航线正交，单击鼠标左键确认，如图3-26所示，画出第一条直线，此时状态栏将提示输入下一条直线的"第二点："→输入坐标（−90，−40），画出第二条轮廓线，如图3-27所示。

（2）绘制不可见轮廓线：在"直线"命令状态下，将当前层设为"虚线层"，把"立即菜单"中的第二项"连续"切换为"单个"，利用屏幕点导航功能，选取小圆左象限点引出导航线与后端面交点为第一点，与圆柱前端面交点为第二点，画完一条虚线，以同样的方法绘制右边另一条虚线。

（3）画圆柱筒轴线：依然在画"直线"命令状态下，将当前层设为"中心线层"，由主视图中对称中心线引出的导航线，将俯视图中超出圆柱筒前后轮廓3～5 mm处作为直线的两个端点，如图3-28所示。

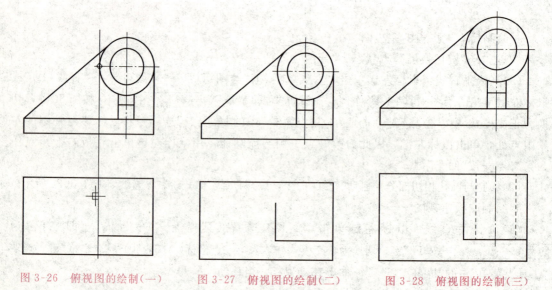

图3-26　俯视图的绘制（一）　　图3-27　俯视图的绘制（二）　　图3-28　俯视图的绘制（三）

3）绘制支撑板的俯视图

（1）绘制支撑板可见轮廓线：在"直线"命令下，将当前层设置为"0层"。将立即菜单中的第二项改为"单个"，第一点坐标为（−170，−35），确定另一点时，使其与主视图中的支撑板与圆柱筒的切点导航线正交，如图3-29所示。

（2）绘制支撑板不可见轮廓：在"直线"命令下，将"虚线层"设为当前层。点取与主视图中肋板导航线正交的点为虚线的"第二点："，单击鼠标右键结束画连续直线的操作。单击鼠标左键，再次启动"直线"命令，画另一段虚线。拾取主视图中肋板导航线与上一步中虚线导航线的交点，作为第一点，与俯视图中最右直线的交点为第二点，单击鼠标右键结束操作，如图 3-30 所示。

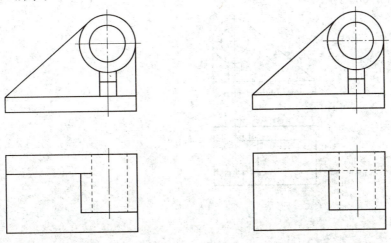

图 3-29　俯视图的绘制(四)　　　　图 3-30　俯视图的绘制(五)

4)绘制肋板的俯视图

(1)鼠标左键单击"绘图工具"工具栏上 ▱ →设置"立即菜单"为 1. 两点线 ▾ 2. 连续 ▾ →按"F8"键，切换为正交模式→按"空格"键，选取"工具点菜单"中的"端点"选项→鼠标左键单击上步中支撑板第一条虚线的右端，拾取第一点→鼠标左键单击与圆柱筒前端面的交点，画出肋板在圆柱筒下的不可见轮廓线→设置"0 层"为当前层→鼠标左键单击与俯视图最下边直线的交点，作为第二点→单击鼠标右键结束操作。

(2)画右侧的虚线和实线：方法同上，如图 3-31 所示。

(3)画肋板中的水平虚线：设置"虚线层"为当前层→鼠标左键单击"绘图工具"工具栏上 ▱ →设置"立即菜单"为 1. 两点线 ▾ 2. 单根 ▾ →按"F8"键，切换为正交模式→输入第一点坐标(-69，-62)→按"回车"键→输入第二点坐标(-51，-62)→单击鼠标右键结束操作，如图 3-32 所示。

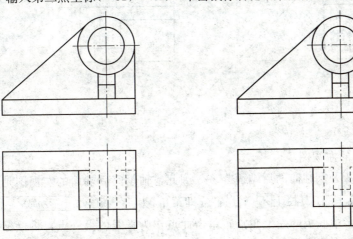

图 3-31　俯视图的绘制(六)　　　　图 3-32　俯视图的绘制(七)

3. 利用三视图导航绘制左视图

1)启动三视图导航

按下"F7"键，启动"三视图导航"命令，依提示在主视图右下方指定两点，设置三视图导航线，如图3-33所示。

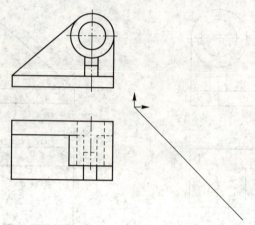

图3-33 左视图的绘制(一)

2)绘制底板的左视图

(1)将"0层"设置为当前层。

(2)鼠标左键单击"绘图工具"工具栏上 图标按钮，在系统提示输入"第一角点："时，把鼠标拖到如图3-34所示的位置，以主、俯视图对应导航线交点作为第一角点，单击鼠标左键确认；以同样方法捕捉第二角点，如图3-35所示。

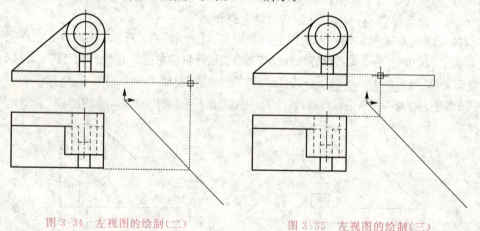

图3-34 左视图的绘制(二)   图3-35 左视图的绘制(三)

3)绘制后端面的左视图

由于底、支撑板及圆柱筒的后端面靠齐，因此，轴承座后端面的左视图是一条直线。鼠标左键单击"绘图工具"工具栏上 →设置"立即菜单"为 1.两点线 ▾ 2.连续 ▾ →按"F8"键→移动鼠标捕捉上一步中底板的左上角点，单击此点作为直线的第一点，将鼠标向上移动，与主视图中大圆上象限点引出的导航线相交时，单击左键确认为第二点，如图3-36所示。

4）绘制圆柱筒的左视图

（1）画可见轮廓线：继续上一步操作，依然在画"直线"命令下，系统提示下一条直线的"第二点："，将鼠标向右移动，到俯视图中圆柱筒前表面的三视图导航线处，单击鼠标左键确认为该直线的第二点，从而画出圆柱筒的最上直线，继续画后面的直线，如图 3-37 所示。

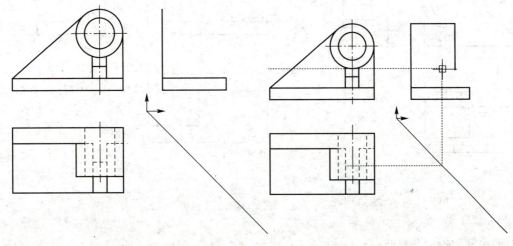

图 3-36　左视图的绘制（四）　　　　　图 3-37　左视图的绘制（五）

（2）绘制圆柱筒轴线。

（3）绘制圆柱筒不可见轮廓线：在上一步画"直线"命令下，设置当前层为"虚线层"，利用三视图导航功能，画圆柱筒的不可见轮廓线（方法同前），如图 3-38 所示。

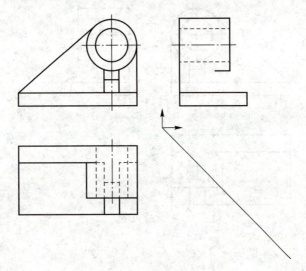

图 3-38　左视图的绘制（六）

5）绘制支撑板的左视图

（1）将"0 层"设置为当前层。

（2）在画"直线"命令下，捕捉俯视图中支撑板前表面导航线与主视图中切点导航线的交点为直线第一点，如图 3-39 所示，然后向下移动鼠标，到与底板的上表面相交时，单击鼠标左键确认，作为直线的第二点，画出该直线，如图 3-40 所示。

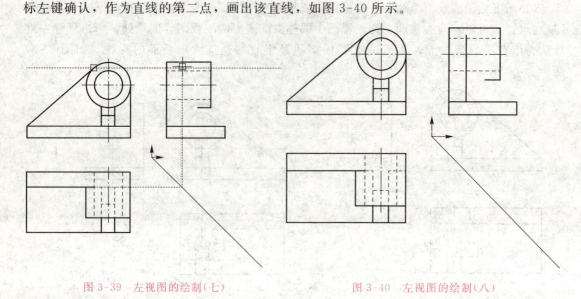

图 3-39　左视图的绘制（七）　　　　　图 3-40　左视图的绘制（八）

　　6）绘制肋板的左视图

　　仍在画"直线"命令状态下，将立即菜单设置为：1. 两点线　▽　2. 连续　▽→按"F8"键→捕捉肋板与圆柱筒的交点为直线的第一点，向下移动鼠标，移至与主视图中肋板水平直线的导航相交，单击鼠标左键，确定为第二点，画出一条铅垂向下的直线→按"F8"键，关闭正交模式→捕捉底板的右上角点为第二点，画完肋板的左视图，如图 3-41 所示。

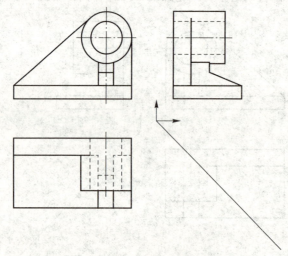

图 3-41　左视图的绘制（九）

4. 选取图纸幅面和标题栏

　　（1）设置图纸幅面为"A4"，"竖放"，绘图比例为"1：2"，调入标题栏为图 3-13 所示自定义标栏，如图 3-42 所示。

图 3-42　图框设置

（2）填写标题栏。鼠标左键单击"主菜单栏"上"幅面（P）"→"标题栏（T）"→"填写（F）"→弹出"填写标题栏"对话框并填写，如图 3-43 所示。

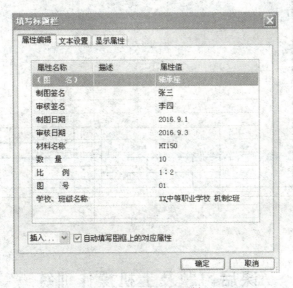

图 3-43　填写标题栏

至此，完成了整个轴承座的绘制，结果如图 3-44 所示。以"轴承座.exb"为文件名保存该图形（注：在项目六中将用到该图）。

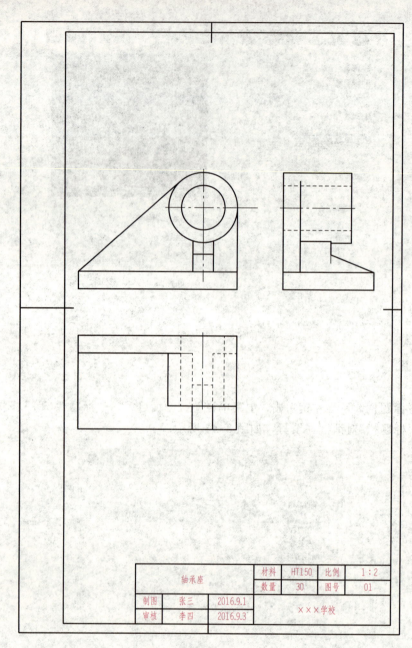

图 3-44　轴承座的绘制

课后习题及上机操作训练

一、选择题

1. 在 CAXA 电子图板下选择图纸幅面的方法有(　　　)。

　A. 在"图幅设置"对话框中选取国标规定的幅面

B. 在"图幅设置"对话框中选取"用户自定义"幅面，并在幅面编辑框中输入长度和宽度

C. 以上两种均可

2. 设置屏幕点捕捉方式的方法有(   )。

A. 选择下拉菜单"工具"→"捕捉点设置"命令，在弹出的对话框中进行设置

B. 点取状态栏中的屏幕点状态选项

C. 切换"F6"功能键，转换屏幕点状态

D. 以上方法均可

3. 设置三视图导航的方法有(   )。

A. 选择下拉菜单"工具"→"三视图导航"选项

B. 在命令行中输入"GUEDE"

C. 以上方法均可

二、简答题

1. 当系统提供的标准图纸幅面或标题栏不能满足具体需要时可以怎样做？

2. 在什么情况下才使用用户坐标系？使用其有什么好处？

三、上机练习

1. 按下述提示设置、定义图纸幅面、图框和标题栏，并填写标题栏中的基本内容。

(1)设置图纸幅面为"A3"和"横放"，绘图比例为"1：2"。

(2)调入图框文件"A3带横边"。

(3)再一次绘制并定义图3-13所示标题栏，然后将该标题栏以校名为文件名存盘，最后将之调入到当前图形中。

(4)填写标题栏中的基本内容(如学校、班级名称等)。

2. 设置坐标系基点为(50，50)的用户坐标系并绘制如图3-45所示的两矩形。

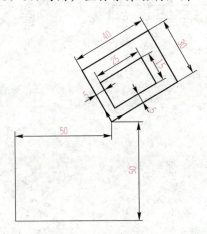

图 3-45 两矩形的绘制

3. 利用屏幕点及工具点捕捉功能绘制如图3-46所示"压盖"的主、俯视图。

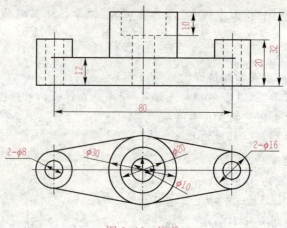

图 3-46 压盖

4. 利用导航点捕捉及三视图导航功能绘制如图 3-47 所示"平面立体"的三视图。

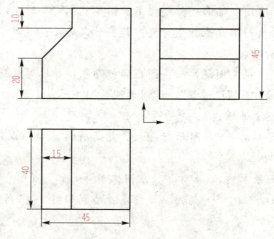

图 3-47 "平面立体"的三视图

项目四　图形的编辑与显示控制

对当前图形进行编辑和修改,是交互式绘图软件不可缺少的基本功能,CAXA 电子图板 2013 为用户提供了强大的图形编辑功能,利用它可以帮助用户快速、准确地绘制出各种复杂的图形。绘制较大幅面的图形时,受显示屏幕尺寸的限制,图中的一些细小结构有时较难看清楚,CAXA 电子图板 2013 提供的显示控制类命令可令用户轻松自如地对图形从宏观到微观的各种显示进行控制。

学习目的

(1)进一步熟悉 CAXA 电子图板 2013 工作界面。

(2)掌握曲线的"删除""平移""平移复制""镜像""旋转""阵列""缩放""裁剪""过渡""延伸""拉伸""打断""分解"等常用编辑命令及操作方法。

(3)掌握图形的"撤销""恢复""剪切""复制""粘贴"等常用编辑命令及操作方法。

(4)掌握图形的"重生成""全部重生成""显示窗口""显示全部"等常用显示控制命令及操作方法。

任务一　曲线的编辑

一、曲线的裁剪

曲线的裁剪是曲线编辑的基本功能之一。CAXA 电子图板 2013 提供了快速裁剪、拾取边界和批量裁剪三种方式,如表 4-1 所示。

表 4-1　曲线的裁剪

曲线裁剪方式	裁剪前图例	裁剪后图例
快速裁剪	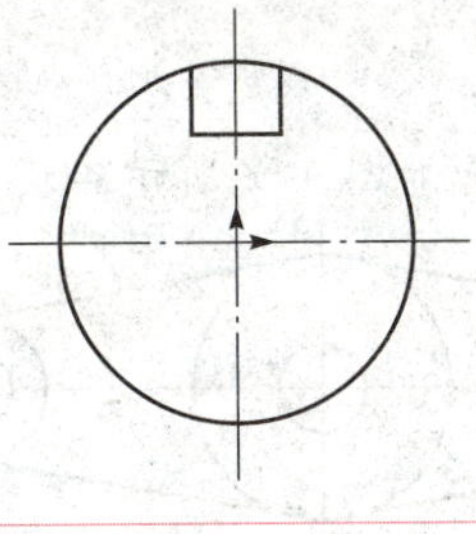	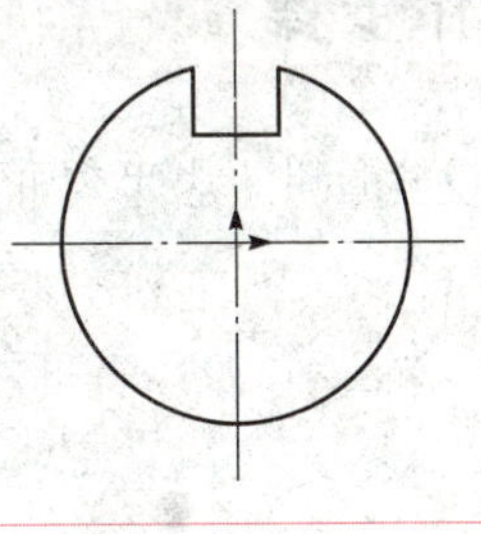

续表

曲线裁剪方式	裁剪前图例	裁剪后图例
拾取边界		
批量裁剪		

范例实施

完成图形 4-1 的绘制与快速裁剪。

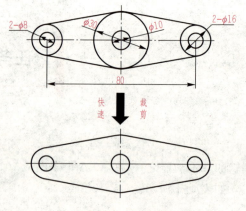

图 4-1　快速裁剪范例

操作步骤

（1）绘制图 4-1 中标有尺寸的图形，如图 4-2 所示。

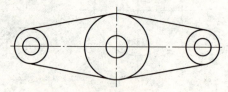

图 4-2　绘制图形

（2）鼠标左键单击"主菜单栏"上"修改（M）"→"裁剪（T）"或鼠标左键单击"编辑工具"工具栏上 ～ →设置"立即菜单"为 1.快速裁剪 →鼠标左键拾取要裁剪的曲线→单击鼠标右键结束裁剪。

二、曲线的过渡

曲线的过渡是曲线编辑的基本功能之一。CAXA 电子图板 2013 提供了圆角、多圆角、倒角、外倒角、内倒角、多倒角及尖角七种方式，如表 4-2 所示。

表 4-2　曲线的过渡

曲线过渡方式	过渡前图例	过渡后图例
圆角		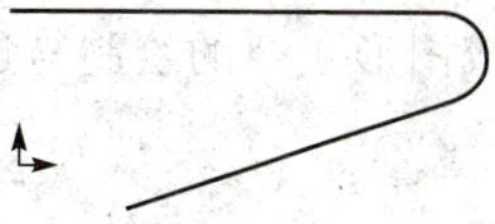
多圆角		
倒角	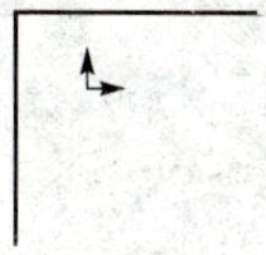	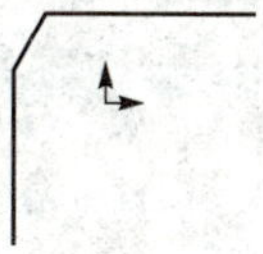
外倒角	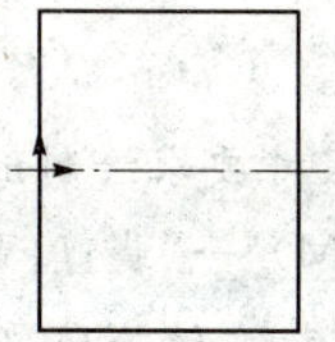	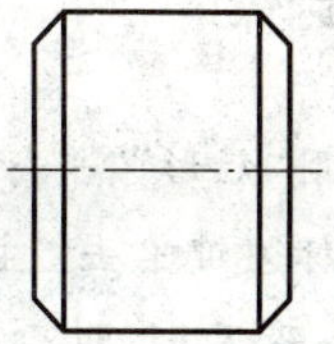
内倒角	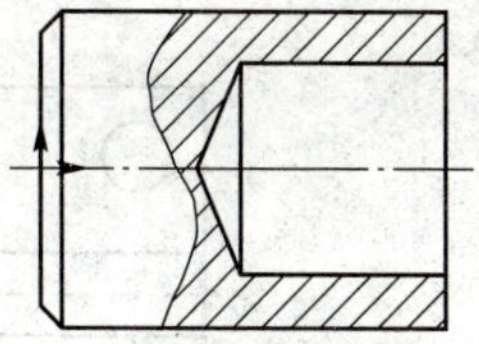	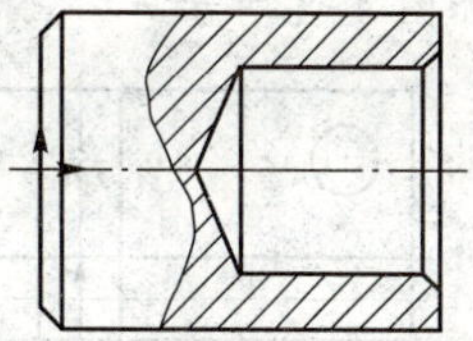
多倒角	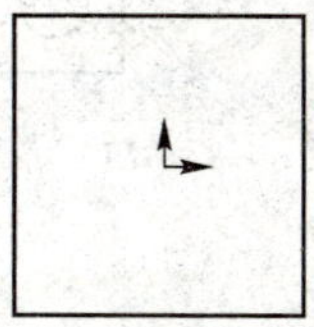	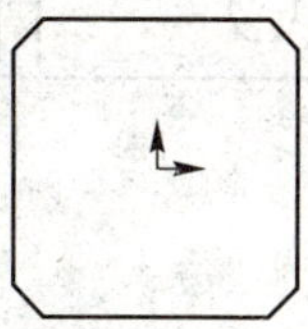

曲线过渡方式	过渡前图例	过渡后图例
尖角		

范例实施

完成图形 4-3 的绘制与过渡。

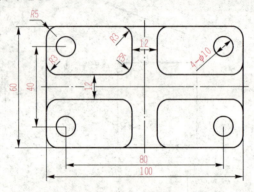

图 4-3　曲线的过渡范例

操作步骤

(1)利用"矩形""平行线"和"圆"命令按尺寸要求绘制出如图 4-4 所示图形。

(2)鼠标左键单击"主菜单栏"上"修改(M)"→"裁剪(T)"或鼠标左键单击"编辑工具"工具栏上 ↗→设置"立即菜单"为 1.快速裁剪 ▽ →鼠标左键拾取要裁剪的曲线→单击鼠标右键结束裁剪,如图 4-5 所示。

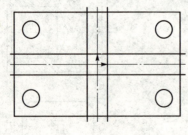

图 4-4　曲线的过渡(一)

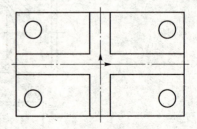

图 4-5　曲线的过渡(二)

(3)鼠标左键单击"主菜单栏"上"修改(M)"→"过渡(H)"→"多圆角(L)"或鼠标左键单

击"编辑工具"工具栏上 □ →设置"立即菜单"为 [1.多圆角　▾ 2.半径　5] →鼠标左键拾取100×60 矩形，如图4-6所示。

（4）鼠标左键单击"编辑工具"工具栏上 □ →设置"立即菜单"为 [1.圆角　▾ 2.裁剪　　3.半径　5] →拾取要过渡的曲线，如图4-7所示。

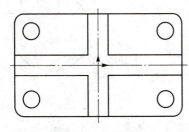

图4-6　曲线的过渡（三）

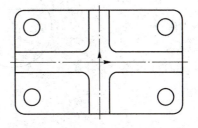

图4-7　曲线的过渡（四）

（5）鼠标左键单击"编辑工具"工具栏上 □ →设置"立即菜单"为 [1.圆角　▾ 2.裁剪始边　3.半径　3] →拾取要过渡的曲线（注意要先拾取需裁剪的边），如图4-8所示。

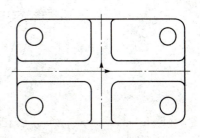

图4-8　曲线的过渡（五）

三、曲线的延伸、拉伸及打断

曲线的延伸、拉伸及打断是曲线编辑的基本功能。其相对于曲线的裁剪和过渡来说，在绘图过程中运用相对较少，但也必须掌握，如表4-3所示。

表4-3　曲线的延伸、拉伸及打断

曲线编辑方式	编辑前图例	编辑后图例
延伸		
拉伸		

曲线编辑方式	编辑前图例	编辑后图例
打断		
删除		

范例实施

完成图形 4-9 的绘制。

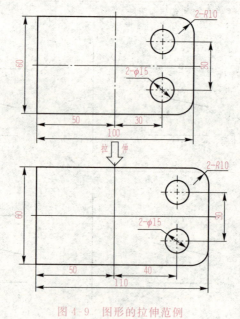

图 4-9　图形的拉伸范例

操作步骤

(1)利用"矩形"和"圆"命令按尺寸要求绘制如图4-10所示图形。

(2)鼠标左键单击"编辑工具"工具栏上 ⬚ →设置"立即菜单"为 `1.圆角 ▾ 2.裁剪始边 ▾ 3.半径 10` →拾取要过渡的曲线，如图4-11所示。

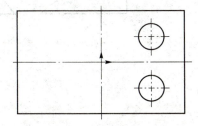 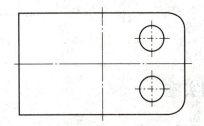

图4-10　图形的拉伸(一)　　　　图4-11　图形的拉伸(二)

(3)鼠标左键单击"主菜单栏"上"修改(M)"→"拉伸(S)"或鼠标左键单击"编辑工具"工具栏上 ⬚ →设置"立即菜单"为 `1.窗口拾取 ▾ 2.给定两点 ▾` →鼠标左键框选要拉伸的曲线(从右向左框选)，如图4-12所示→单击鼠标右键结束拾取→选择原点为第一点→按"F8"键切换为正交模式→水平向右移动鼠标→输入第二点坐标(10，0)→单击鼠标右键结束拉伸，如图4-13所示。

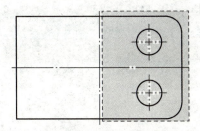 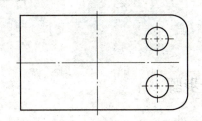

图4-12　图形的拉伸(三)　　　　图4-13　图形的拉伸(四)

四、曲线的平移及平移复制

曲线的平移及平移复制是曲线编辑的基本功能，CAXA电子图板2013提供了给定两点及给定偏移两种方式，如表4-4所示。

表4-4　曲线的平移及平移复制

曲线平移方式		平移前图例	平移后图例
平移	给定两点		
	给定偏移		

曲线平移方式		平移前图例	平移后图例
平移复制	给定两点		
	给定偏移		

范例实施

完成图形 4-14 的绘制。

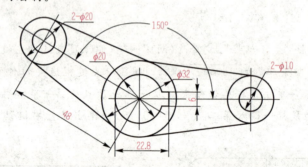

图 4-14　曲线的平移及平移复制范例

操作步骤

（1）利用"圆""直线""中心线"和"拉伸"命令绘制如图 4-15 所示图形。

（2）利用"平行线""快速裁剪"和"删除"命令绘制如图 4-16 所示键槽。

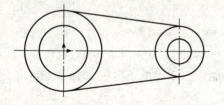

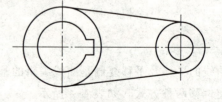

图 4-15　曲线的平移及平移复制（一）　　　图 4-16　曲线的平移及平移复制（二）

（3）鼠标左键单击"主菜单栏"上"修改（M）"→"平移复制（K）"或鼠标左键单击"编辑工具"工具栏上　→设置"立即菜单"为　1.给定两点　2.保持原态　3.旋转角 150　4.比例 1　5.份数 1　→鼠标左键框选要平移复制的曲线（从右向左框选），如图 4-17 所示→鼠标左键拾取φ32 圆心为第一、二点→单击鼠标右键结束拉伸，如图 4-18 所示。

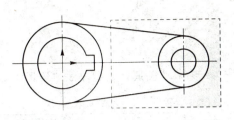

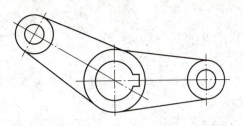

图 1-17　曲线的平移及平移复制(三)　　　图 4-18　曲线的平移及平移复制(四)

五、曲线的旋转与镜像

曲线的旋转与镜像是曲线编辑的基本功能，CAXA 电子图板 2013 提供了如表 4-5 所示的编辑方式。

表 4-5　曲线的旋转与镜像

曲线编辑方式		编辑前图例	编辑后图例
旋转	给定角度		
	起始终止点		
镜像	选择轴线		
	拾取两点		

范例实施

完成图形 4-19 的绘制。

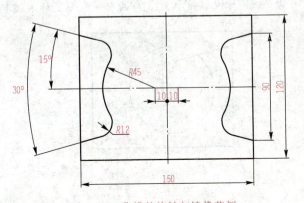

图 4-19　曲线的旋转与镜像范例

操作步骤

(1)鼠标左键单击"主菜单栏"上"绘图(D)"→"矩形(R)"或鼠标左键单击"绘图工具"工具栏上 ▭ →设置"立即菜单"为

| 1. 长度和宽度 ▾ | 2. 中心定位 ▾ | 3. 角度 0 | 4. 长度 150 | 5. 宽度 120 | 6. 有中心线 ▾ | 7. 中心线延伸长度 3 |

→输入定位点坐标(0,0)→按"回车"键确认,如图4-20所示。

(2)鼠标左键单击"主菜单栏"上"绘图(D)"→"圆(C)"→"圆(C)"或鼠标左键单击"绘图工具"工具栏上 ⊙ →设置"立即菜单"为 | 1.圆心 半径 ▾ | 2.半径 ▾ | 3.无中心线 ▾ | →输入圆心坐标(—10,0)→按"回车"键确认→输入半径45→按"回车"键确认,如图4-21所示。

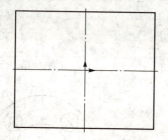

图4-20 曲线的旋转与镜像(一)

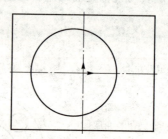

图4-21 曲线的旋转与镜像(二)

(3)鼠标左键单击"主菜单栏"上"绘图(D)"→"直线(L)"→"直线(L)"或鼠标左键单击"绘图工具"工具栏上 ╱ →设置"立即菜单"为

| 1.角度线 ▾ | 2.X轴夹角 ▾ | 3.到点 ▾ | 4.度= -15 | 5.分= 0 | 6.秒= 0 |

→按回车键确认→输入第一点坐标(—75,45)→按"回车"键确认→左键单击圆内任意一点,完成效果如图4-22所示。

(4)鼠标左键单击"主菜单栏"上"修改(M)"→"镜像(I)"或鼠标左键单击"编辑工具"工具栏上 ◭ →设置"立即菜单"为 | 1.选择轴线 ▾ | 2.拷贝 ▾ | →鼠标左键拾取已绘15°角度线→单击鼠标右键确认→鼠标左键选择水平中心线为对称轴线,如图4-23所示。

(5)鼠标左键单击"主菜单栏"上"修改(M)"→"过渡(H)"→"圆角(F)"或鼠标左键单击"编辑工具"工具栏上 ▭ →设置"立即菜单"为 | 1.圆角 ▾ | 2.裁剪 ▾ | 3.半径 12 | →鼠标左键拾取线1与圆2→鼠标左键拾取线3与圆2→单击鼠标右键确认,如图4-24所示。

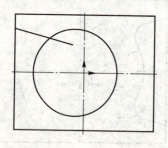

图4-22 曲线的旋转与镜像(三)

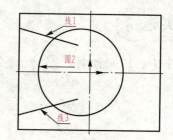

图4-23 曲线的旋转与镜像(四)

(6)鼠标左键单击"主菜单栏"上"修改(M)"→"裁剪(T)"或鼠标左键单击"编辑工具"工

具栏上 ![icon]→设置"立即菜单"为 1.快速裁剪 ▾ →鼠标左键拾取要裁剪的曲线→单击鼠标右键结束裁剪，如图4-25所示。

(7)鼠标左键单击"主菜单栏"上"修改(M)"→"旋转(R)"或鼠标左键单击"编辑工具"工具栏上 ![icon]→设置"立即菜单"为 1.给定角度 ▾ 2.拷贝 ▾ →鼠标左键拾取要旋转的曲线，如图4-26所示→单击鼠标右键确认→输入旋转基点坐标(0，0)→输入旋转角度180°→单击鼠标右键结束旋转，如图4-27所示。

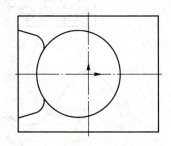
图4-24　曲线的旋转与镜像(五)

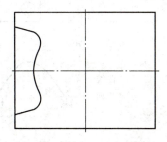
图4-25　曲线的旋转与镜像(六)

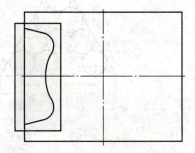
图4-26　曲线的旋转与镜像(七)

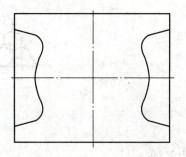
图4-27　曲线的旋转与镜像(八)

六、曲线的阵列与比例缩放

曲线的阵列与比例缩放是曲线编辑的基本功能，CAXA 电子图板 2013 提供了如表4-6所示的编辑方式。

表4-6　曲线的阵列与缩放

曲线编辑方式		编辑前图例	编辑后图例
阵列	圆形阵列		

曲线编辑方式		编辑前图例	编辑后图例
阵列	矩形阵列		
	曲线阵列		
缩放	比例因子		
	参考方式		

矩形阵列编辑前后图例，曲线阵列编辑前后图例，缩放编辑前图例标注30，编辑后图例标注63.4、100。

范例实施

完成图 4-28 的绘制。

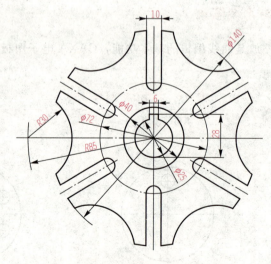

图 4-28　槽轮的绘制范例

操作步骤

(1)设置"中心线层"为当前层。

(2)鼠标左键单击"主菜单栏"上"绘图(D)"→"圆(C)"→"圆(C)"或鼠标左键单击"绘图工具"工具栏上⊙→设置"立即菜单"为 | 1.圆心_半径 ▾ | 2.直径 ▾ | 3.无中心线 ▾ | →输入圆心坐标(0，0)→按"回车"键确认→输入直径72→按"回车"键确认。

(3)设置"粗实线层"为当前层。

(4)利用"圆"命令绘制 $\phi25$、$\phi40$、$\phi140$，圆心为原点的同心圆，绘制 $\phi140$ 圆时"立即菜单"切换为"有中心线"方式，如图4-29所示。

(5)鼠标左键单击"主菜单栏"上"绘图(D)"→"平行线(O)"或鼠标左键单击"绘图工具"工具栏上╱→设置"立即菜单"为 | 1.偏移方式 ▾ | 2.双向 ▾ | →鼠标左键拾取垂直中心线→输入偏移距离5→按"回车"键确认→单击鼠标右键结束平行线命令，如图4-30所示。

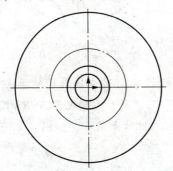

图4-29　槽轮的绘制(一)

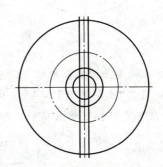

图4-30　槽轮的绘制(二)

(6)鼠标左键单击"主菜单栏"上"绘图(D)"→"圆弧(A)"→"两点半径(T)"或鼠标左键单击"绘图工具"工具栏上╭→设置"立即菜单"为 | 1.两点_半径 ▾ | →拾取两点($\phi72$ 的圆与上步绘制的两平行线的交点)→输入半径为5→按"回车"键确认，如图4-31所示。

(7)利用"圆弧(A)"命令，设置"立即菜单"为

| 1.圆心_半径_起终角 ▾ | 2.半径＝ 30 | 3.起始角＝ 120 | 4.终止角＝ 240 | →输入圆心点坐标(85，0)→按"回车"键确认，如图4-32所示。

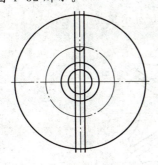

图4-31　槽轮的绘制(三)

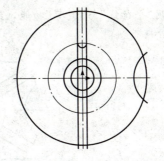

图4-32　槽轮的绘制(四)

(8)鼠标左键单击"主菜单栏"上"修改(M)"→"裁剪(T)"或鼠标左键单击"编辑工具"工

具栏上 →设置"立即菜单"为 →鼠标左键拾取要裁剪的曲线→单击鼠标右键结束裁剪，如图 4-33 所示。

（9）鼠标左键单击"主菜单栏"上"修改（M）"→"阵列（A）"或鼠标左键单击"编辑工具"工具栏上 →设置"立即菜单"为 1.圆形阵列 ▾ 2.旋转 ▾ 3.均布 ▾ 4.份数 6 →鼠标左键拾取要阵列对象（$R30$ 的圆弧、$R5$ 的圆弧、修剪后的平行线及垂直中心线）→单击鼠标右键确认操作→拾取原点为中心点，如图 4-34 所示。

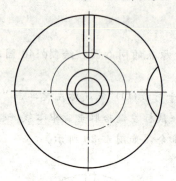
图 4-33　槽轮的绘制（五）

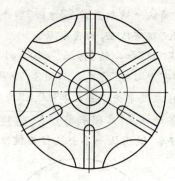
图 4-34　槽轮的绘制（六）

（10）鼠标左键单击"主菜单栏"上"修改（M）"→"裁剪（T）"或鼠标左键单击"编辑工具"工具栏上 →设置"立即菜单"为 1.拾取边界 ▾ →拾取剪刀线（鼠标左键拾取除 $R5$ 圆弧外的所有阵列对象）→鼠标左键拾取要裁剪的曲线→单击鼠标右键结束裁剪，如图 4-35 所示。

图 4-35　槽轮的绘制（七）

（11）利用"平行线"与"裁剪"功能，绘制如图 4-36 所示键槽。

图 4-36　槽轮的绘制（八）

任务二　图形编辑与显示控制

一、图形编辑

1. 撤销与恢复

撤销与恢复操作是相互关联的一对命令，仅对 CAXA 电子图板绘制的图形元素有效而不能对 OLE 对象进行撤销与恢复，如表 4-7 所示。

表 4-7　撤销与恢复命令

图形编辑方式	功能	操作步骤
撤销	用于撤销最近一次发生的编辑动作	鼠标左键单击"主菜单栏"上"编辑(E)"→"撤销(U)"或者单击"标准工具"栏上 ⟲
恢复	用于撤销最近一次"撤销"操作	鼠标左键单击"主菜单栏"上"编辑(E)"→"恢复(R)"或者单击"标准工具"栏上 ⟳

2. 剪切、复制与粘贴

图形的剪切、复制与粘贴是一组相互关联的命令，如表 4-8 所示。

表 4-8　剪切、复制与粘贴命令

图形编辑方式	功能	操作步骤
剪切	将选中的图形存入到剪贴板中，以供图形粘贴时使用	鼠标左键单击"主菜单栏"上"编辑(E)"→"剪切(T)"或者单击"标准工具"栏上 ✗
复制		鼠标左键单击"主菜单栏"上"编辑(E)"→"复制(C)"或者单击"标准工具"栏上 ▤
粘贴	将剪贴板中存储的图形粘贴到指定的位置，并可以改变原图的比例大小和旋转角度	鼠标左键单击"主菜单栏"上"编辑(E)"→"粘贴(P)"或者单击"标准工具"栏上 ▤

3. 删除与删除所有

删除与删除所有是执行删除图形元素的操作，如表 4-9 所示。

表 4-9　删除与删除所有命令

图形编辑方式	功能	操作步骤
删除	删除拾取到的图形元素	鼠标左键单击"主菜单栏"上"编辑(E)"→"删除(D)"
删除所有	将所有已打开图层上的符合拾取过滤条件的图形元素全部删除	鼠标左键单击"主菜单栏"上"编辑(E)"→"删除所有(L)"

二、显示控制

1. 重新生成与全部重新生成

重新生成与全部重新生成是刷新当前屏幕图形，以清除"屏幕垃圾"，如表 4-10 所示。所谓"屏幕垃圾"是指在绘制和编辑图形时，在屏幕上产生的一些擦除痕迹或图形部分残缺，虽然它们不影响输出结果，但却影响屏幕的美观。

表 4-10　显示控制

显示控制方式	功能	操作步骤
重新生成	将拾取的显示失真的图形进行重新生成	鼠标左键单击"主菜单栏"上"视图（V）"→"重生成（N）"
全部重新生成	将绘图区内显示失真的图形全部重新生成	鼠标左键单击"主菜单栏"上"视图（V）"→"全部重生成（G）"

2. 常用显示命令

常用的显示命令有"显示全部""显示窗口""显示平移""显示缩放"和"显示上一步"，如表 4-11 所示。

表 4-11　显示命令范例

显示命令	功能	操作步骤
显示全部	将当前绘制的所有图形全部显示在屏幕绘图区内	鼠标左键单击"主菜单栏"上"视图（V）"→"显示全部（A）"
显示窗口	将用户指定的窗口内包含的图形放大显示至充满屏幕绘图区	鼠标左键单击"主菜单栏"上"视图（V）"→"显示窗口（W）"
显示平移	平移显示图形	鼠标左键单击"主菜单栏"上"视图（V）"→"显示平移（M）"
动态缩放	使整个图形跟随鼠标的移动而动态缩放	鼠标左键单击"主菜单栏"上"视图（V）"→"动态缩放（R）"
显示上一步	取消当前显示，返回到显示变换前的状态	鼠标左键单击"主菜单栏"上"视图（V）"→"显示上一步（V）"

任务三 应用示例

一、完成如图 4-37 所示手柄的绘制

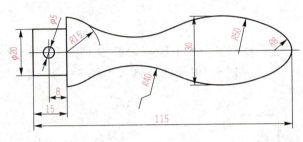

图 4-37 手柄的绘制范例

1. 图形分析

根据"手柄"名称及尺寸标注，可以看出该零件属于轴类零件，可以利用"圆""圆弧""平行线""修剪""拉伸"和"镜像"等命令完成图形的绘制。

2. 图形绘制

(1)设置"粗实线层"为当前层。

(2)鼠标左键单击"主菜单栏"上"绘图(D)"→"圆(C)"→"圆(C)"或鼠标左键单击"绘图工具"工具栏上⊙→设置"立即菜单"为 `1. 圆心_半径 ▾ 2. 直径 ▾ 3. 有中心线 ▾ 4.中心线延伸长度 3` →输入圆心坐标(0，0)→按"回车"键确认→输入直径5→按"回车"键确认，如图 4-38 所示。

(3)鼠标左键单击"主菜单栏"上"绘图(D)"→"平行线(O)"或鼠标左键单击"绘图工具"工具栏上 ⫽ →设置"立即菜单"为 `1. 偏移方式 ▾ 2. 单向 ▾` →鼠标左键拾取垂直中心线→移动光标到直线的右侧→输入平移距离8→并每次按"回车"键确认→移动光标到直线的左侧→输入平移距离7→并按"回车"键确认，如图 4-39 所示。

图 4-38 手柄的绘制(一)　　　　　　图 4-39 手柄的绘制(二)

(4)鼠标左键单击"绘图工具"工具栏上 ⫽ →设置"立即菜单"为 `1. 偏移方式 ▾ 2.双向 ▾` →鼠标左键拾取水平中心线→移动光标到一侧→输入平移距离10→按"回车"键确认，如图 4-40 所示。

(5)鼠标左键单击"编辑工具"工具栏上 ▢ →设置"立即菜单"为 `1.尖角 ▾` →拾取要过渡的曲线，如图 4-41 所示。

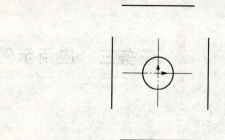

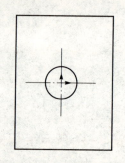

图 4-40　手柄的绘制(三)　　　图 4-41　手柄的绘制(四)

(6)鼠标左键单击"绘图工具"工具栏上⊙→设置"立即菜单"为 `1.圆心_半径  ▾ 2.直径  ▾ 3.无中心线  ▾` →输入圆心坐标(100，0)→按"回车"键确认→输入半径8→按"回车"键确认，如图4-42所示。

图 4-42　手柄的绘制(五)

(7)鼠标左键单击"主菜单栏"上"修改(M)"→"拉伸(S)"或鼠标左键单击"编辑工具"工具栏上 →设置"立即菜单"为 `1.单个拾取 ▾` →鼠标左键拾取要拉伸的曲线(水平中心线)→拉伸到如图4-43所示位置，单击鼠标左键→单击鼠标右键结束操作。

图 4-43　手柄的绘制(六)

(8)鼠标左键单击"绘图工具"工具栏上 →设置"立即菜单"为 `1.偏移方式 ▾ 2.双向 ▾` →鼠标左键拾取水平中心线→移动光标到一侧→输入平移距离15→并按"回车"键确认，如图4-44所示。

图 4-44　手柄的绘制(七)

(9)鼠标左键单击"主菜单栏"上"绘图(D)"→"圆弧(A)"→"圆心半径起终角(R)"或鼠标左键单击"绘图工具"工具栏上 →设置"立即菜单"为 `1.圆心_半径_起终角 ▾ 2.半径= 15    3.起始角= 270    4.终止角= 90` →输入圆心坐标为(8，0)→按"回车"键确认，如图4-45所示。

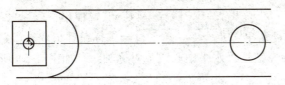

图 4-45 手柄的绘制(八)

（10）鼠标左键单击"主菜单栏"上"绘图(D)"→"圆弧(A)"→"两点半径(T)"或鼠标左键单击"绘图工具"工具栏上 ⟋ →设置"立即菜单"为 [1.两点 半径 ▼] →按"空格"键→按"T"键→拾取如图 4-46 所示切点 1 处→按"空格"键→按"T"键→拾取如图 4-46 所示切点 2 处→输入半径 50→按"回车"键确认，如图 4-46 所示。

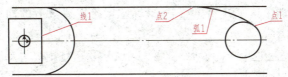

图 4-46 手柄的绘制(九)

（11）鼠标左键单击"编辑工具"工具栏上 [⊡] →设置"立即菜单"为 [1.单个拾取 ▼] →鼠标左键拾取要拉伸的曲线（如图 4-46 所示线 1 与弧 1）→拉伸到如图 4-47 所示位置，单击鼠标左键→单击鼠标右键结束操作。

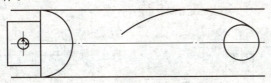

图 4-47 手柄的绘制(十)

（12）鼠标左键单击"编辑工具"工具栏上 [▢] →设置"立即菜单"为 [1.圆角 ▼ 2.裁剪 ▼ 3.半径 40] →鼠标左键拾取 $R50$ 圆弧与 $R15$ 圆弧→单击鼠标右键结束操作，如图 4-48 所示。

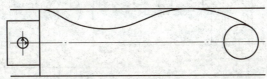

图 4-48 手柄的绘制(十一)

（13）利用"删除"命令，删除相距 30 的两条平行线，如图 4-49 所示。

图 4-49 手柄的绘制(十二)

（14）鼠标左键单击"主菜单栏"上"修改（M）"→"镜像（I）"或鼠标左键单击"编辑工具"工具栏上 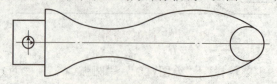 →设置"立即菜单"为 1.选择轴线 ▾ 2.拷贝 →鼠标左键拾取 $R15$、$R40$ 和 $R50$ 圆弧→单击鼠标右键确认→鼠标左键选择水平中心线为对称轴线，如图 4-50 所示。

图 4-50　手柄的绘制（十三）

（15）鼠标左键单击"主菜单栏"上"修改（M）"→"裁剪（T）"或鼠标左键单击"编辑工具"工具栏上 →设置"立即菜单"为 1.快速裁剪 →鼠标左键拾取要裁剪的曲线→单击鼠标右键结束裁剪，如图 4-51 所示。

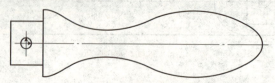

图 4-51　手柄的绘制（四）

二、完成如图 4-52 所示端盖的绘制

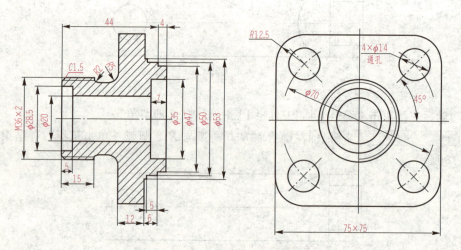

图 4-52　端盖的绘制范例

1. 图形分析

该图形是一个端盖零件的主、左视图，因此可以首先绘制一个视图，然后采用屏幕点导航功能绘制另一个视图。图中包含了三种线型：粗实线、中心线和细实线（剖面线），因此至少要在三个图层中绘制。

2. 图形绘制

（1）用"孔/轴（X）"命令绘制端盖主视图中的主要轮廓线。

①设置"粗实线层"为当前层。

②鼠标左键单击"主菜单栏"上"绘图(D)"→"孔/轴(X)"或鼠标左键单击"绘图工具Ⅱ"工具栏上[图标]→设置"立即菜单"为 [1.轴 ▾ 2.直接给出角度 ▾ 3.中心线角度 0]→输入插入点坐标(−90,0)→分别将起始直径设置为"36""32""75""53""50""47"→按"回车"键确认→输入相应长度为"15""11""12""1""5""4"→按"回车"键确认→单击鼠标右键结束操作,如图 4-53 所示。

③鼠标左键单击"主菜单栏"上"视图(V)"→"显示全部(A)"或鼠标左键单击"常用工具栏"上[图标],将所绘图形放大显示在屏幕中间。

④鼠标左键单击"主菜单栏"上"修改(M)"→"裁剪(T)"或鼠标左键单击"编辑工具"工具栏上[图标]→设置"立即菜单"为 [1.快速裁剪]→鼠标左键拾取要裁剪的曲线→单击鼠标右键结束裁剪,如图 4-54 所示。

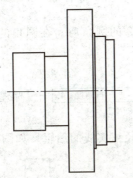
图 4-53　端盖的绘制(一)

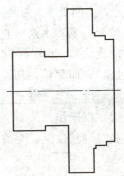
图 4-54　端盖的绘制(二)

⑤鼠标左键单击"主菜单栏"上"绘图(D)"→"孔/轴(X)"或鼠标左键单击"绘图工具 II"工具栏上[图标]→设置"立即菜单"为 [1.孔 ▾ 2.直接给出角度 ▾ 3.中心线角度 0]→输入插入点坐标(−90,0)→分别将起始直径设置为"28.5""20""35"(无中心线)→按"回车"键确认→输入相应长度为"5""36""7"→按"回车"键确认→单击鼠标右键结束操作,如图 4-55 所示。

⑥利用"两点线"命令连接内孔φ20两端,如图 4-56 所示。

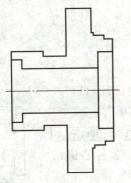
图 4-55　端盖的绘制(三)

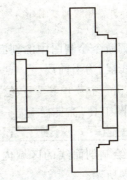
图 4-56　端盖的绘制(四)

(2)用"平行线"命令绘制左端表示外螺纹小径的细实线。

①设置"细实线层"为当前层。

②鼠标左键单击"主菜单栏"上"绘图(D)"→"平行线(O)"或鼠标左键单击"绘图工

具"工具栏上 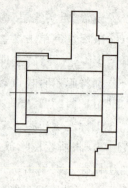 →设置"立即菜单"为 | 1. 偏移方式 ▼ 2. 单向 ▼ |→鼠标左键拾取左上部的水平直线，并将光标移到所拾取直线的下侧→输入偏移距离1.2→按"回车"键确认→单击鼠标右键结束操作；同理绘制出下部与之对称的细实线（也可用镜像命令绘制），如图4-57所示。

（3）用"过渡"命令绘制图中的粗实线倒角和圆角。

①设置"0层"为当前层。

②鼠标左键单击"编辑工具"工具栏上□→设置"立即菜单"为

| 1. 圆角 ▼ 2. 裁剪始边 ▼ 3.半径 3 |→鼠标左键拾取要倒圆角的两条直线→单击鼠标右键结束操作；同理，将立即菜单中的半径改为2，可绘制出上、下两处R2的圆角。

③利用"删除"命令，删除多余的直线（绘制完R2的圆角后，在圆角的左边上、下各剩下一小段竖直方向的直线），如图4-58所示。

④单击上步"过渡"立即菜单，切换为

| 1.倒角 ▼ 2.长度和角度方式 ▼ 3.裁剪 ▼ 4.长度 1.5 5.角度 45 |→鼠标左键拾取要倒角的直线→单击鼠标右键结束操作。

⑤利用"拉伸"和"裁剪"命令，完成M36螺纹底径细实线的编辑，如图4-59所示。

图4-56　端盖的绘制（五）

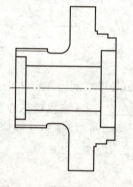

图4-58　端盖的绘制（六）

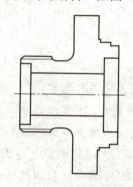

图4-59　端盖的绘制（七）

（4）用"剖面线"命令绘制图中的剖面线。

①设置"剖面线层"为当前层。

②鼠标左键单击"主菜单栏"上"绘图（D）"→"剖面线（H）"或鼠标左键单击"绘图工具"工具栏上□→设置"立即菜单"为

| 1. 拾取点 ▼ 2. 不选择剖面图案 ▼ 3. 非独立 ▼ 4.比例: 2 5.角度 45 6.间距错开: 0 |→鼠标左键单击要绘制剖面线的区域内任一点→单击鼠标右键结束操作，如图4-60所示。

（5）根据绘制的主视图，利用屏幕点导航功能及"矩形""圆"和"圆弧"命令画出左视图的主要轮廓线。

①设置"0层"为当前层。

②按"F6"键切换屏幕右下角状态栏中的"屏幕点设置"命令图

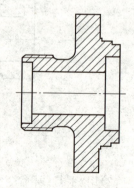

图4-60　端盖的绘制（八）

标按钮为 导航 ▾ 方式。

③鼠标左键单击"主菜单栏"上"绘图(D)"→"矩形(R)"或鼠标左键单击"绘图工具"工具栏上 ▢ →设置"立即菜单"为

| 1. 长度和宽度 ▾ | 2. 中心定位 ▾ | 3. 角度 0 | 4. 长度 75 | 5. 宽度 75 | 6. 无中心线 ▾ | →

输入定位点坐标(30，0)→按"回车"键确认，如图4-61所示。

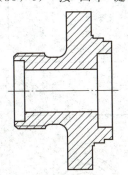

图 4-61　端盖的绘制(九)

④鼠标左键单击"主菜单栏"上"修改(M)"→"过渡(H)"→"多圆角(L)"或鼠标左键单击"编辑工具"工具栏上 ▢ →设置"立即菜单"为 | 1. 多圆角 ▾ | 2. 半径 12.5 | →鼠标左键拾取75×75矩形，如图4-62所示。

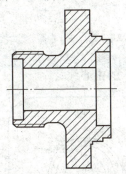

图 4-62　端盖的绘制(十)

⑤鼠标左键单击"主菜单栏"上"绘图(D)"→"圆(C)"→"圆(C)"或鼠标左键单击"绘图工具"工具栏上 ⊙ →设置"立即菜单"为 | 1. 圆心_半径 ▾ | 2. 半径 ▾ | 3. 无中心线 ▾ | →输入圆心坐标(30，0)→按"回车"键确认→拖动鼠标出现一个不断变化的圆，将该圆下象限点的导航线与主视图中 M36 的轴径对齐→单击鼠标左键确认→继续拖动鼠标，绘制下象限点分别与主视图中 ϕ28.5 的孔径和 ϕ20 的孔径对齐的圆→单击鼠标右键结束操作，如图4-63所示。

⑥设置"细实线层"为当前层。

⑦鼠标左键单击"主菜单栏"上"绘图(D)"→"圆弧(A)"→"圆心起点圆心角(C)"或鼠标左键单击"绘图工具"工具栏上 ⟡ →设置"立即菜单"为 | 1. 圆心_起点_圆心角 ▾ | →捕捉同心圆圆心为圆心点→拖动鼠标出现一个不断变化的圆，将该圆下象限点的导航线与主视图中细实线对齐→单击鼠标左键确定圆弧的起点→此时拖动鼠标，出现一个圆心角不断变化的圆弧→在适当位置处(大约3/4圈圆)单击鼠标左键→单击鼠标右键结束操作，如图4-64所示。

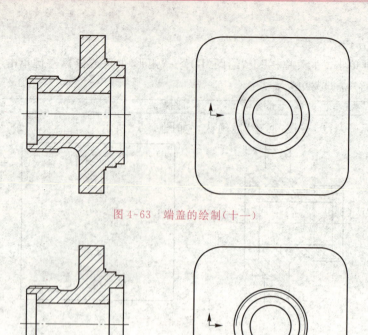

图4-63　端盖的绘制(十一)

图4-64　端盖的绘制(十二)

⑧设置"中心线层"为当前层。

⑨利用"中心线"和"拉伸"命令绘制如图4-65所示的中心线。

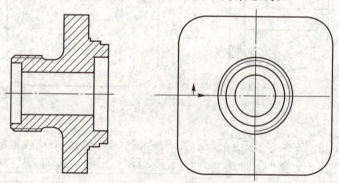

图4-65　端盖的绘制(十三)

(6)用绘制"直线""圆"和"阵列"命令绘制左视图中的四个小圆。

①鼠标左键单击"主菜单栏"上"绘图(D)"→"直线(L)"→"角度(A)"或鼠标左键单击"绘图工具"工具栏上 ✐ →设置"立即菜单"为

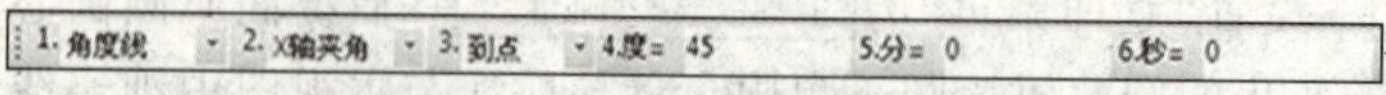

1.角度线	2.X轴夹角	3.到点	4.度= 45	5.分= 0	6.秒= 0

→捕捉中心线的交点作为角度线的第一点→拖动鼠标,在适当位置单击鼠标左键确定第二点→单击鼠标右键结束操作,如图4-66所示。

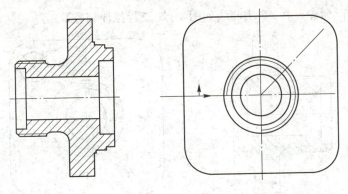

图 4-66　端盖的绘制(十四)

②鼠标左键单击"绘图工具"工具栏上 ⌒ →设置"立即菜单"为

| 1. 圆心_半径_起终角 · 2.半径= 35 | 3.起始角= 30 | 4.终止角= 70 | →捕捉中心线的交点作为圆心点，

单击鼠标左键即可绘制出一段中心线圆弧，如图 4-67 所示。

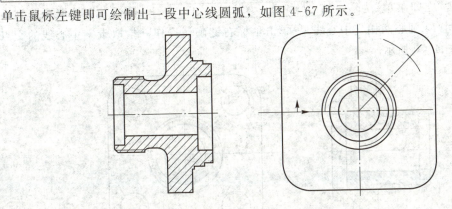

图 4-67　端盖的绘制(十五)

③设置"0 层"为当前层。

④鼠标左键单击"绘图工具"工具栏上 ⊙ →设置"立即菜单"为

| 1. 圆心 半径 · 2.半径 · 3.无中心线 | →捕捉 $R35$ 圆弧中心线与 $45°$ 中心线的交点作为圆心点→输

入半径 7→按"回车"键确认→单击鼠标右键结束操作，如图 4-68 所示。

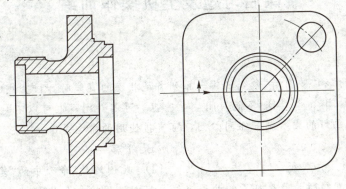

图 4-68　端盖的绘制(十六)

⑤利用"拉伸"命令，将45°中心线如图4-69进行拉伸调整。

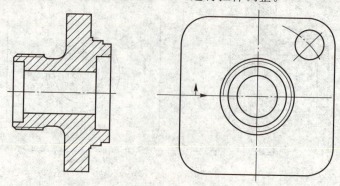

图4-69　端盖的绘制（十七）

⑥鼠标左键单击"主菜单栏"上"修改（M）"→"阵列（A）"或鼠标左键单击"编辑工具"工具栏上 ⊞⊞ →设置"立即菜单"为 `1.图形阵列 ▪ 2.旋转 ▪ 3.均布 ▪ 4.份数 4` →鼠标左键拾取要阵列对象（φ14的圆、过φ14圆心两相交中心线）→单击鼠标右键确认操作→拾取十字中心线的交点为中心点，如图4-70所示。

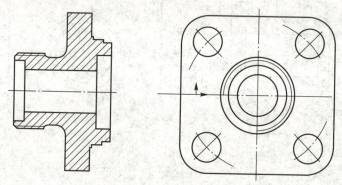

图4-70　端盖的绘制（十八）

课后习题及上机操作训练

一、选择题

1. 用"多倒角"和"多圆角"命令编辑一系列首尾相连的直线时，该直线（　　　）。

　　A. 必须封闭　　　　　B. 不能封闭　　　　　C. 可以封闭，也可以不封闭

2. 由一个已画好的圆绘制一组同心圆，可直接使用的命令是（　　　）。

　　A. 拉伸　　　　　　　　　　　　　　　B. 平移

　　C. 等距线　　　　　　　　　　　　　　D. "比例缩放"命令中的"复制"方式

3. 要将一条直线断为长度相等的两条直线，可以使用的命令是（　　　）。

　　A. 拉伸　　　　　　　　　　　　　　　B. 平移

C. 打断　　　　　　　　　　　　　D."镜像"命令中的"复制"方式

4.对于同一平面上的两条不平行且无交点的线段,可以通过(　　)命令一次操作来延长原线段使之相交于一点。

A."过渡"命令中的"尖角"方式　　　B."过渡"命令中的"倒角"方式

C. 拉伸　　　　　　　　　　　　　D. 齐边

5.欲对屏幕上显示的图形按原大小在画面上平移,可使用的命令是(　　)。

A. 平移　　　　　B. 动态平移　　　　C. 显示平移　　　　D. 显示窗口

二、简答题

1."倒角"操作与两条直线的拾取顺序有关吗?

2."阵列"操作中,在"圆形阵列"方式下,立即菜单中的"份数"包括用户拾取的图形元素吗?

3.图形"复制"操作与"平移复制"操作有何区别?

4.要改变拾取图形元素的线型、颜色及图层,可以采用哪几种方法?

三、上机练习

1. 用所学过的命令绘制图 4-71 所示扳手(不必标注尺寸)。

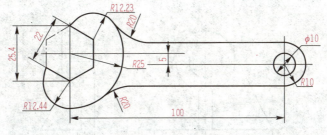

图 4-71　扳手的绘制

2. 用所学过的命令绘制如图 4-72 所示棘轮(不必标注尺寸)。

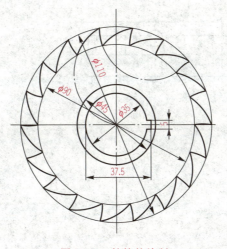

图 4-72　棘轮的绘制

3. 用所学过的命令绘制如图 4-73 所示端盖(不必标注尺寸)。

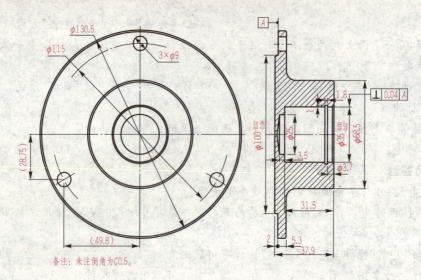

备注：未注倒角为C0.5。

图 4-73　端盖的绘制

4. 用所学过的命令绘制如图 4-74 所示轴承座的三视图（不必标注尺寸）。

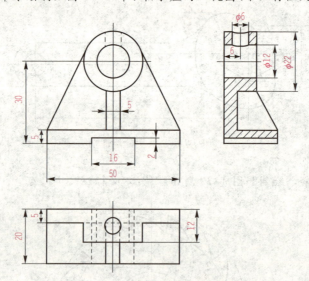

图 4-74　轴承座的三视图绘制

项目五　图块与图库

　　块（BLOCK）是由用户定义的子图形，对于在绘图中反复出现的"复合图形"（多个图形对象的组合），不必再花费重复劳动，一遍又一遍地画，而只需将它们定义成一个块，在需要时将其插入即可。当然还可以给块定义属性，在插入时填写块的非图形可变信息。块有利于用户提高绘图效率，节省存储空间。

　　CAXA 电子图板 2013 为用户提供了多种标准件的参数化图库，用户可以按规格尺寸选用各标准件，也可以输入非标准尺寸，使标准件和非标准件有机地结合在一起。CAXA 电子图板 2013 还提供了包括电气元件、液压气动符号在内的固定图库，可满足用户多方面的绘图需求。

学习目的

　　(1)进一步熟悉 CAXA 电子图板 2013 工作界面。
　　(2)掌握"块创建""块插入""块消隐""属性定义"和"块编辑"五个块操作方法。
　　(3)掌握"提取图符"、"定义图符"、"驱动图符"、"图库管理"、"构件库"和"技术要求库"六个库操作方法。

任务一　图块的操作

一、图块的概念

　　块是复合形式的图形实体，是一种应用广泛的图形元素，其具有如下特点：
　　(1)块是由多个图形元素组成的复合型图形实体，由用户定义。
　　(2)块可以被打散。
　　(3)利用块可以实现图形的消隐。
　　(4)利用块可以存储与该块相关联的非图形信息，如块的名称、材料等，这些信息被称为块的属性。
　　(5)利用块可以实现几何公差、表面粗糙度等技术要求的自动标注。
　　(6)利用块可以实现图库中各种图符的生成、存储与调用。

二、块操作

　　块操作主要包括"块创建""块消隐""块属性""块属性表"和"块打散"等，如表 5-1 所示。

表 5-1　块操作

块操作方式	功能	操作步骤
创建	将选中的一组图形元素组合成一个块	鼠标左键单击"主菜单栏"上"绘图(D)"→"块(B)"→"创建(C)"
插入	选择一个块插入当前图形中	鼠标左键单击"主菜单栏"上"绘图(D)"→"块(B)"→"插入(I)"
消隐	利用具有封闭外轮廓的块图形作为前景图形区，自动擦除该区域内的其他图形，实现二维消隐	鼠标左键单击"主菜单栏"上"绘图(D)"→"块(B)"→"消隐(H)"
属性定义	创建一组用于在块中存储非图形数据的属性定义	鼠标左键单击"主菜单栏"上"绘图(D)"→"块(B)"→"属性定义(A)"
块编辑	编辑插入到当前图形的块的各项特性	鼠标左键单击"主菜单栏"上"绘图(D)"→"块(B)"→"块编辑(E)"

范例实施

以图 5-1 为例，完成块的创建及消隐。

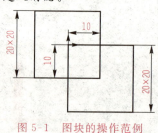

图 5-1　图块的操作范例

操作步骤

(1)绘制图 5-1 中标有尺寸的图形，如图 5-2 所示。

(2)鼠标左键单击"主菜单栏"上"绘图(D)"→"块(B)"→"创建(C)"→鼠标左键拾取"方形 1"→单击鼠标右键确认拾取→选择方形中心点为"基准点"→弹出"块定义"对话框，如图 5-3 所示→输入名称"方形 1"→鼠标左键单击"确定(O)"按钮结束块创建，同理完成"方形 2"块的创建。

图 5-2　图块的操作(一)

图 5-3　图块的操作(二)

（3）鼠标左键单击"主菜单栏"上"绘图（D）"→"块（B）"→"消隐（H）"→鼠标左键拾取"方形 1"，如图 5-4 所示。

（4）鼠标左键单击"主菜单栏"上"绘图（D）"→"块（B）"→"消隐（H）"→鼠标左键拾取"方形 2"，如图 5-5 所示。

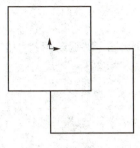 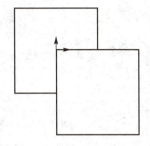

图 5-4　图块的操作（三）　　　　图 5-5　图块的操作（四）

任务二　图库的操作

一、图库的组成及特点

为了提高绘图效率，CAXA 电子图板 2013 提供了强大的图库操作功能。图库的基本组成单位是图符，CAXA 电子图板 2013 将各种标准件和常用图形符号定义为图符。按是否参数化，又将图符分为参数化图符和固定图符。在绘图时，可以直接提取这些图符插入到图中，从而避免不必要的重复劳动。图符可以由一个或多个视图组成，每个视图在提取出来时可以定义成块，在调用时可以进行块消隐。CAXA 电子图板 2013 的图库功能具有以下几个特点。

1. 图符丰富

CAXA 电子图板 2013 图库包括几十个大类、几百个小类，总共 3 万多个图符，包括各种标准件、电气元件、工程符号等，可满足各个行业的需要。

2. 符合标准

CAXA 电子图板 2013 图库中基本图符均是按照国家标准制作，确保生成图符符合国家标准规定。

3. 开放式

CAXA 电子图板 2013 图库是完全开放式的，除了软件安装后附带的图符外，用户可以根据需要定义新的图符，从而满足多种需要。

4. 参数化

CAXA 电子图板 2013 图符是完全参数化的，可以定义尺寸、属性等各种参数，方便图

符的生成与管理。

5. 目录式结构

CAXA 电子图板 2013 采用目录式结构存储,便于进行图符的移动、拷贝、共享等。

二、图库的操作

图库的操作主要包括"提取图符""定义图符""图库管理""驱动图符"和"图库转换"等,如表 5-2 所示。

表 5-2　图库操作方式

图库操作方式	功能	操作步骤
提取图符	将已有的图符从图库中提取出来,插入到当前图形中	鼠标左键单击"主菜单栏"上"绘图(D)"→"图库(Z)"→"提取图符(G)"
定义图符	用户根据需要,建立自己的图库	鼠标左键单击"主菜单栏"上"绘图(D)"→"图库(Z)"→"定义图符(D)"
图库管理	对图库进行修改和管理操作	鼠标左键单击"主菜单栏"上"绘图(D)"→"图库(Z)"→"图库管理(M)"
驱动图符	用于改变已提取、没有被打散图符的尺寸规格、尺寸标注情况和图符输出形式	鼠标左键单击"主菜单栏"上"绘图(D)"→"图库(Z)"→"驱动图符(R)"
图库转换	将用户在旧版本中自己定义的图库转换为当前图库格式	鼠标左键单击"主菜单栏"上"绘图(D)"→"图库(Z)"→"图库转换(T)"

范例实施

完成图 5-6 的绘制,并把其定义成参数化图符。

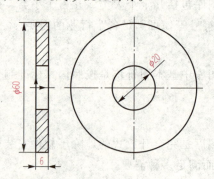

图 5-6　图库的操作范例

操作步骤

（1）绘制图5-6中标有尺寸的图形并进行标注。

（2）鼠标左键单击"主菜单栏"上"绘图（D）"→"图库（Z）"→"定义图符（D）"→鼠标左键框选第1视图→单击鼠标右键确认选取→拾取基准点→为该视图各尺寸指定一个变量名→单击鼠标右键确认（同理完成第2视图的参数化图符操作），如图5-7所示。

（3）当全部视图处理完后，屏幕上弹出"元素定义"对话框，如图5-9所示，元素（如图5-8所示）表达式如表5-3所示。

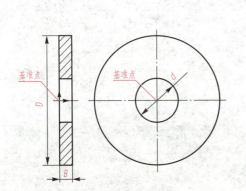

图5-7　图库的操作（一）

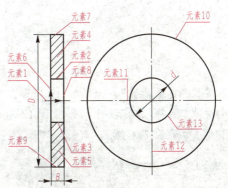

图5-8　图库的操作（二）

表5-3　元素定义

元素	起点坐标	终点坐标	圆心坐标	半径	定位点	条件
元素1	0，$d/2$	B，$d/2$				
元素2	0，$d/2$	B，$d/2$				
元素3	0，$-d/2$	B，$-d/2$				
元素4					自动生成	1
元素5					自动生成	1
元素6	0，$-D/2$	0，$D/2$				
元素7	0，$D/2$	B，$D/2$				
元素8	B，$D/2$	B，$-D/2$				
元素9	B，$-D/2$	0，$-D/2$				
元素10			0，0	$D/2$		
元素11	$-(D/2+3)$，0	$D/2+3$，0				
元素12	0，$-(D/2+3)$	0，$D/2+3$				
元素13			0，0	$d/2$		

(4)定义"中间变量",如图 5-10 所示。

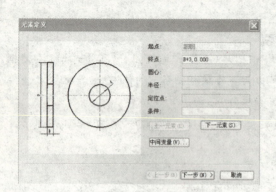

图 5-9 元素定义

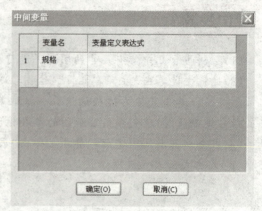

图 5-10 中间变量

(5)定义"变量属性",如图 5-11 所示。

(6)完成"图符入库"操作,如图 5-12 所示。

图 5-11 变量属性定义

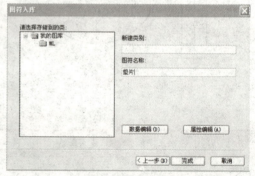

图 5-12 图符入库

任务三 应用示例

本任务将结合一简单轴系装配图的生成来介绍块的定义、图符的提取及其在装配图绘制中的具体应用办法。具体为:先将项目二中任务三所绘制的"轴"和"槽轮"分别定义成块,再用规格为 10×36 的键(GB/T 1096—2003 普通平键 A 型)连接该轴和槽轮,然后在右轴端加一个规格为 6206 的向心轴承(GB/T 276—1994 深沟球轴承 60000 型 02 系列),最后绘制成如图 5-13 所示的轴系装配图。

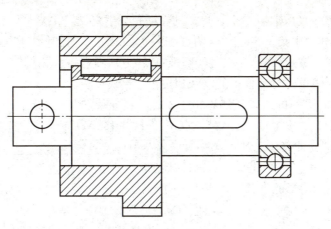

图 5-13　轴系装配图

一、设计分析

(1)利用"并入"命令，将前面所绘制的轴和槽轮文件并入到一个文件中，利用"块操作"命令，分别将轴和槽轮定义成块。

(2)利用"平移"命令将定义成块的槽轮平移到轴上。

(3)利用"库操作"命令，提取普通平键和深沟球轴承，即可完成装配图。

二、操作步骤

(1)用"并入"命令，将项目二中绘制并存盘的轴和槽轮文件并入到一个文件中。

①鼠标左键单击"主菜单栏"上"文件(F)"→"新建(N)"→出现"新建"对话框→选择"BLANK"模板→单击"确定"按钮，新建一个文件。

②鼠标左键单击"主菜单栏"上"文件(F)"→"并入(M)"→出现"并入文件"对话框→选择"轴"文件→并入到当前图纸→单击"确定"按钮→输入定位点坐标(0，0)→按"回车"键确认→输入旋转角度0°→按"回车"键确认。

③与上相同，将"槽轮"文件也并入到该新建文件中(注意两并入文件不要有重叠，如图5-14所示)。

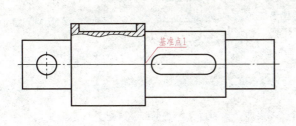

(a)　　　　　　　(b)

图 5-14　轴和槽轮文件的并入

(a)轴；(b)槽轮

(2)用"块操作"中的"创建"命令，将该轴和槽轮分别定义。

①鼠标左键单击"主菜单栏"上"绘图（D）"→"块（B）"→"创建（C）"→鼠标左键框选拾取"轴"→单击鼠标右键确认拾取→选择"基准点 1"为基准点→弹出"块定义"对话框→输入名称"轴"→鼠标左键单击对话框中的"确定"按钮结束块创建。

②同理完成"槽轮"块的创建（将"基准点 2"作为槽轮块的基准点）。

(3)鼠标左键单击"主菜单栏"上"修改（M）"→"平移（M）"或鼠标左键单击"编辑工具"工具栏上 ✛ →设置"立即菜单"为 1.给定两点 ▾ 2.保持原态 ▾ 3.旋转角 0   4.比例 1 →鼠标左键框选要平移的"槽轮"→单击鼠标右键确认拾取→拾取"基准点 2"为第一点→拾取"基准点 1"为第二点，完成图形的平移，如图 5-15 所示。

(4)鼠标左键单击"主菜单栏"上"绘图（D）"→"块（B）"→"消隐（H）"→设置"立即菜单"为 1.消隐 ▾ →鼠标左键拾取轴上任意一点，将其设置为前景图形元素，则槽轮中与其重叠的部分被消隐，如图 5-16 所示。

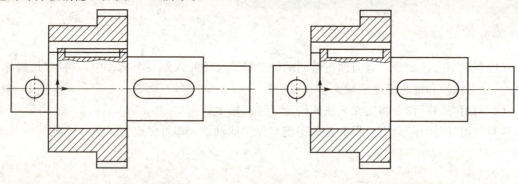

图 5-15　图形的平移　　　　　　　　　　图 5-16　图形的消隐

(5)用"库操作"中的"提取图符"命令，提取规格为 10×36 的普通平键图形，将其插入到槽轮和轴的键槽中。

①鼠标左键单击"主菜单栏"上"绘图（D）"→"图库（Z）"→"提取图符（G）"→在弹出的"提取图符"对话框中按图 5-17 所示进行设置。

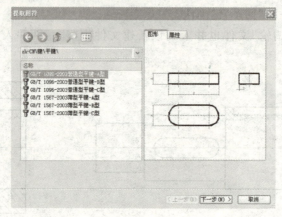

图 5-17　提取图符

②单击"下一步"按钮→在弹出的"图符预处理"对话框中，选择键宽"b"的值为"10"，并

选键长"L"的值为"36",关闭 2、3 视图,具体设置如图 5-18 所示→单击"确定"按钮,将关闭所有对话框。

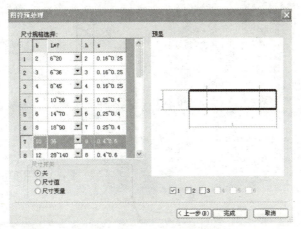

图 5-18 图符预处理

③按提示要求"图符定位点"→捕捉轴上键槽的左下角点作为图符的定位点→单击左键确认→输入旋转角度为 0→按"回车"键确认→单击鼠标右键结束操作,如图 5-19 所示。

(6)用"库操作"中的"提取图符"命令,提取规格为 6206 的深沟球轴承图形,将其插入到右轴端,绘制装配图。

①鼠标左键单击"主菜单栏"上"绘图(D)"→"图库(Z)"→"提取图符(G)"→在弹出的"提取图符"对话框中按图 5-20 所示进行设置。

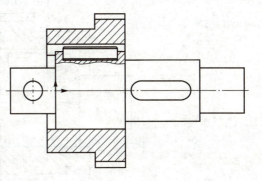

图 5-19 键的插入

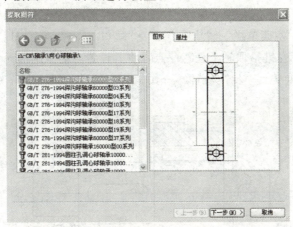

图 5-20 提取图符

②单击"下一步"按钮→在弹出的"图符预处理"对话框中,选择轴承内圈直径"d"值为 30 的项,具体设置如图 5-21 所示→单击"确定"按钮,将关闭所有对话框。

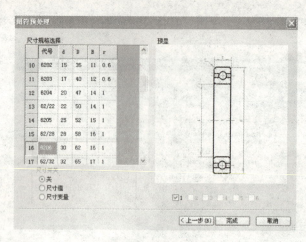

图 5-21　图符预处理

③按提示要求"图符定位点"→捕捉轴上右轴肩与轴线的交点作为图符的定位点→单击左键确认→输入旋转角度为 0→按"回车"键确认→单击鼠标右键结束操作，如图 5-22 所示。

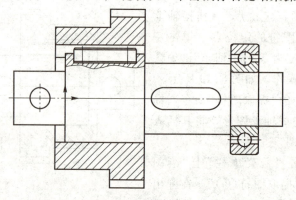

图 5-22　轴承的插入

④鼠标左键单击"主菜单栏"上"绘图（D）"→"块（B）"→"消隐（H）"→设置"立即菜单"为 1. 消隐 →鼠标左键拾取轴上任意一点，将其设置为前景图形元素，则轴承被消隐。

⑤单击鼠标右键重复上一步"块消隐"→用鼠标左键单击键上任一点，则键轮廓内的轴被消隐，如图 5-23 所示。

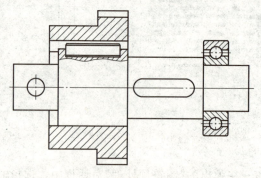

图 5-23　键轮廓内轴的消隐

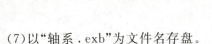

(7) 以"轴系．exb"为文件名存盘。

课后习题及上机操作训练

一、选择题

1. 用"块创建"命令生成的块(　　)。

    A. 可以被打散

    B. 可以用来实现图形的消隐

    C. 可以存储与图形相关的非图形信息

    D. 只能在定义它的图形文件内调用

    E. 既能在定义它的图形文件内调用，也可以在其他图形文件内调用

2. 下列对象属于块的有(　　)。

    A. 图符　　　　　　　B. 尺寸　　　　　　　C. 图框　　　　　　　D. 标题栏

    E. 以上全部

3. 若欲使在一个图形文件内定义的块能够被其他图形文件所调用，可以(　　)。

    A. 先将构成块的图形元素用"文件"下拉菜单中的"部分存储"命令存为一独立的图形文件，然后再将该图形文件用"文件"下拉菜单中的"并入文件"命令调入到欲调用的图形文件中

    B. 用"库操作"下的"定义图符"命令将构成图块的图形元素定义为图符，放入图库中，然后在其他图形文件中用"提取图符"命令调用之

    C. 以上均可

二、简答题

参数化图符与固定图符有何区别？各用于哪类图形的定义？

三、上机练习

1. 熟悉块和图库的基本操作。

2. 请绘制如图 5-24 所示国家标准(GB/T 131—2006、GB/T 1182—2008)中规定的零件表面粗糙度符号和几何公差基准符号的图形，然后将它们分别定义成图块。

图 5-24　绘制图形并定义成图块

3. 按照任务三所给的方法和步骤，完成轴系装配图的绘制。

4. 已知上板厚 20 mm，下板厚 30 mm，通孔 $\phi 22$ mm，上、下两板件用 M20 的六角头螺栓连接起来，请绘制其"螺栓连接"装配图(如图 5-25 所示)。其中，螺纹连接件分别是：规格为 M20×80 的六角头螺栓(GB/T 5780—2000　六角头螺栓—C 级)、规格为 20 的平垫圈(GB 95—2002　平垫圈—C 级)及规格为 M20 的六角螺母(GB/T 6170—2000　Ⅰ型六角

螺母）。

　　提示：首先用绘制矩形命令画出上、下两矩形，使用剖面线命令绘制剖面线，上、下剖面线的角度分别为 45°、135°，并设置间距错开为 8。然后利用"库操作"中的"提取图符"命令，提取"GB/T 5780—2000 六角头螺栓—C 级"六角螺栓，在"尺寸规格选择"列表框中的"规格"列表内找到 M20，再在对应的螺栓长度列表"L"中找到 80，然后单击"确定"按钮。同样利用"提取图符"命令，提取"平垫圈"和"六角螺母"。

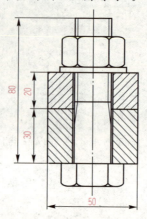

图 5-25　螺栓连接装配图

项目六　工程标注

前面各项目系统介绍了 CAXA 电子图板 2013 绘制工程图形的主要方法及具体操作，图形只能表达零件或工程的形状和结构，其具体大小还必须通过尺寸标注来确定。CAXA 电子图板 2013 依据国家标准的有关规定，提供了对工程图样进行尺寸标注、文字标注和工程符号标注的一整套方法，它是绘制工程图样的重要手段和组成部分。本项目将详细介绍 CAXA 电子图板中工程标注的内容和方法。

学习目的

(1)掌握尺寸标注的分类、风格设置及常用基本标注方法。
(2)掌握文字标注风格设置。
(3)能够对尺寸标注进行修改。
(4)了解尺寸标注中容易出现的错误及其注意事项。

任务一　尺寸类标注

一、尺寸标注分类

CAXA 电子图板 2013 可以随拾取的图形元素不同，自动按图形元素的类型进行尺寸标注。在工程绘图中，常用的尺寸标注类型有以下几种，如表 6-1 所示。

表 6-1　尺寸标注分类

标注分类		定义
线性尺寸标注	水平尺寸标注	尺寸线方向水平(如图 6-1 所示)
	竖直尺寸标注	尺寸线方向竖直(如图 6-1 所示)
	平行尺寸标注	尺寸线方向与标注点的连线平行(如图 6-1 所示)
	基准尺寸标注	一组具有相同尺寸标注起点，且尺寸线相互平行的尺寸标注(如图 6-1 所示)
	连续尺寸标注	一组尺寸线位于同一直线上，且首尾连接的尺寸标注(如图 6-1 所示)
直径尺寸标注		圆及大于半圆的圆弧直径尺寸的标注，尺寸线通过圆心，尺寸线的两端均带有箭头并指向圆弧轮廓线，尺寸值前自动加注前缀"ϕ"，也可以用％c 输入。如果直径尺寸标注在非圆视图中，则应按线性尺寸标注，并在尺寸值前添加或键入％c 以实现添加前缀"ϕ"

续表

标注分类	定义
半径尺寸标注	半圆及小于半圆的圆弧半径的尺寸标注,尺寸值前缀应为"R",尺寸线或尺寸线的延长线通过圆心,尺寸线指向圆弧的一端并带有箭头
角度尺寸标注	标注两直线之间的夹角,尺寸界线交于角度顶点,尺寸线是以角度顶点为圆心的圆弧,其两端带有箭头,角度尺寸数值单位为度(°)
其他尺寸标注	如倒角尺寸标注、坐标尺寸标注等

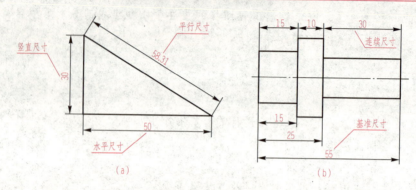

图 6-1　尺寸标注

二、标注风格设置

标注风格是指对标注的尺寸线、尺寸线箭头、尺寸值等样式的综合设置,画图时应根据图形的性质设置不同的标注风格。尺寸风格通常可以控制尺寸标注的箭头样式、文本位置、尺寸公差和对齐方式等。

1. 直线和箭头(如图 6-2 所示)

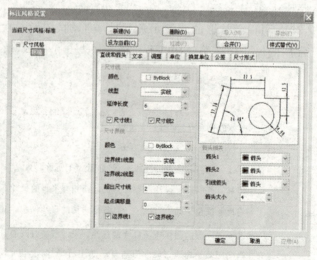

图 6-2　标注风格设置

1)尺寸线

(1)颜色：设置尺寸线颜色，默认为 ByBlock，可以从列表框提供的多种颜色中选择，也可从中选择"其他"，打开"颜色拾取"对话框，从中选取"标准"颜色或"定制"颜色。

(2)延伸长度：当尺寸线在尺寸界限外侧时，尺寸界限外侧延伸的尺寸线长度，默认为 6 mm，如图 6-3 所示(不同的延伸长度)。

(3)尺寸线：分为左尺寸线、右尺寸线，设置是否显示尺寸线的左半部分或右半部分，如图 6-4 所示(关闭左侧尺寸线)。

图 6-3　尺寸线延长　　　　图 6-4　关闭左侧尺寸线

2)尺寸界线组

(1)颜色：设置尺寸界线的颜色，设置方式同尺寸线颜色，默认为 ByBlock。

(2)超出尺寸线：指尺寸界线超出尺寸线的长度，如图 6-5 所示(不同的超出尺寸线长度)。

(3)起点偏移量：指尺寸界线距离被标注对象的距离，主要是针对线性尺寸，如图 6-6 所示(不同的起点偏移)。

图 6-5　超出尺寸线长度　　　　图 6-6　不同的起点偏移

(4)左边界线、右边界线：是否画出尺寸边界线，如图 6-7 所示。

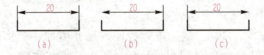

图 6-7　左、右尺寸边界线
(a)不关闭；(b)关闭左边界线；(c)关闭右边界线

3)箭头相关组

(1)箭头 1、箭头 2：设置标注箭头的类型，包括箭头、斜线、圆点等多达 20 种的箭头形式，以适应不同的需要，如图 6-8 所示。

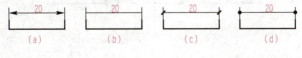

图 6-8　箭头的形式
(a)箭头；(b)无箭头；(c)斜线；(d)圆点

(2)引线箭头：设置使用"引出说明"标注时箭头的类型。

(3)箭头大小：设置箭头的长度，默认为 4 mm。

2. 文本(如图6-9所示)

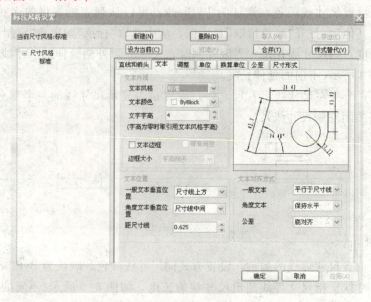

图6-9 文本风格设置

1)文本外观

(1)文本风格：设置尺寸标注采用何种文本风格，默认有"标准"和"机械"两种文本风格可供选择。用户可以在尺寸风格、引线风格、形位公差风格、粗糙度风格、焊接符号风格、基准代号风格、剖切符号风格、序号风格、明细表风格中使用各自不同的文本风格。用户可使用 TextPara 命令或 StyleText 命令建立自己的文本风格。

(2)文本颜色：设置尺寸标注文本的颜色。

(3)文字字高：设置文字大小，字高的单位是 mm。此处如果设置为0，则表示标注文字的字高与"文本风格"中设置的字高一致。

(4)文本边框：勾选"文本边框"复选框，标注的尺寸值加一矩形边框。勾选"带有间隙"复选框激活，勾选该复选框设置边框与尺寸线之间是否留有间隙，"边框大小"中可以设置与"字高相关"还是与"距尺寸线相关"。

2)文本位置

(1)一般文本垂直位置：设置标注文本相对于尺寸线的位置，有"尺寸线上方""尺寸线中间"和"尺寸线下方"三个选项，如图6-10所示。

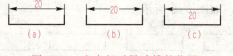

图6-10 文本相对尺寸线的位置

(2)角度文本垂直位置：设置角度标注文本相对于尺寸线的位置，有"尺寸线上方""尺寸线中间"和"尺寸线下方"三个选项。

(3)距尺寸线：设置当标注文字在尺寸线上方或尺寸线下方时，标注文字与尺寸线的距离。

3) 文本对齐方式

(1) 一般文本：有"平行于尺寸线""保持水平"和"ISO 标准"三种选择。

(2) 角度文本：有"平行于尺寸线""保持水平"和"ISO 标准"三种选择。我国制图标准规定角度标注时文字保持水平，且在尺寸线中间。

(3) 公差：设置公差的对齐方式，有"底对齐""顶对齐"和"中间对齐"三种选择。

尺寸标注的立即菜单中也有"文本对齐方式"选项，在标注时可根据需要选择不同的方式。

3. 调整(如图 6-11 所示)

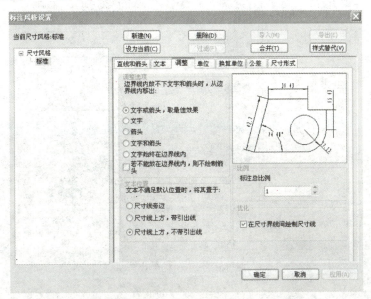

图 6-11　标注风格调整

1) 调整选项组

通常 CAXA 电子图板 2013 将标注文本放在尺寸界线之间，当尺寸界线内放不下文字和箭头时，则标注文字被放置在尺寸界线之外。调整选项控制文字和箭头采取什么样的方式移出尺寸界线。可以设置从边界线内移出"文字或箭头，取最佳效果"、移出"文字"、移出"箭头"、移出"文字和箭头"、移出"文字始终在边界线内"，勾选"若不能放在边界线内则不绘制箭头"，则在尺寸边界内不绘制箭头。

2) 文本位置组

此选项设置的是当标注文字不在缺省位置时，文字标注的位置与引线的显示方式，如图 6-12 所示。

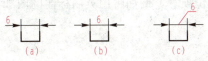

图 6-12　文字标注的位置与引线的显示方式

(a) 尺寸线旁；(b) 尺寸线上方，不带引出线；(c) 尺寸线上方，带引出线

3）比例组

标注总比例是指标注时文字大小和箭头大小是否进行缩放，大于1，按设置的比例进行放大；小于1，按设置的比例进行缩小。

4）优化组

取消勾选"在尺寸界限间绘制尺寸线"复选框，则在尺寸界限间不绘制尺寸线。

4. 单位（如图6-13所示）

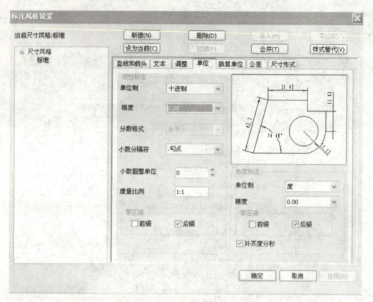

图6-13 单位标注设置

1）线性标注

（1）单位制：设置绘图的单位制，有"十进制""英制""分数"和"科学计数"。

（2）精度：标注主单位中显示的小数位数。精度格式与选定的单位格式关联。

（3）分数格式：当单位制设置为"分数"时，此处设置分数的显示形式，有"竖直""倾斜"和"水平"。

（4）小数分隔符：设置采取什么样的小数分隔符，有"逗号""句点"和"空格"三种形式。

（5）小数圆整单位：为除"角度"之外的所有标注类型设置标注测量值的舍入规则。若此处填入0.25，则所有标注距离都以0.25为单位进行舍入。如果输入1.0，则所有标注距离均舍入为最接近的整数。小数点后显示的位数取决于"精度"设置。

（6）度量比例：这里控制的是线性尺寸测量的比例因子，标注的尺寸为系统测量所得尺寸乘以比例因子，但对角度无效。如实际尺寸为10，若度量比例为2，则标注为20。该项设置可用于英制和SI长度单位换算，例如将用英制标注的图纸换算成SI制标注，比例设为25.4即可。

2）零压缩

控制标注中数字"0"的显示。若勾选了"前缀"复选框，当尺寸小于1时，不显示小数点前面的0，如测量实际值为0.25，则显示为".25"；若勾选"后缀"复选框，非零数字末位的0不被显示，如实际测量为3.103，若显示2位精度，则显示为"3.1"，若不勾选"后缀"，

116

则为"3.10"。

3）角度标注

（1）单位制：控制角度可以"度分秒"的形式显示还可以"度"的小数形式显示，也可以"弧度"或"百分度"形式显示，显示时弧度后面加"r"，百分度后面加"g"。

（2）精度：设置角度标注的小数位数。可以精确到小数点后 5 位。

（3）补齐度分秒：勾选该复选框，在用度分秒方式标注时，会补齐度分秒。如有一角度为 $50°24''$，勾选该项后将显示为 $50°0'24''$。

5. 换算单位（如图 6-14 所示）

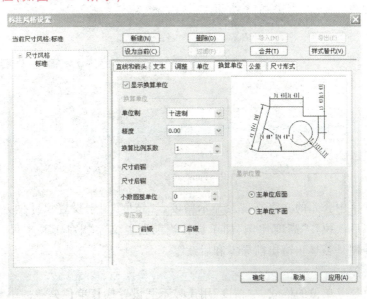

图 6-14 换算单位设置

只有勾选"显示换算单位"复选框，其下的各项控件才被激活，可以设置换算单位的"单位制""精度""零压缩"和"显示位置"等参数。换算单位组用于显示和设置除角度之外的所有标注类型的当前换算单位格式。

（1）单位制：设置换算单位的单位格式，包括十进制、分数、英制和科学计数等。

（2）精度：设置换算单位中的小数位数。

（3）换算比例系数：指定一个乘数，作为主单位和换算单位之间的换算因子使用。例如，要将英寸转换为毫米，请输入 25.4。此值对角度标注没有影响，而且不会应用于舍入值或者正、负公差值。

（4）尺寸前缀：在换算标注文字中包含前缀。可以输入文字或使用控制代码显示特殊符号。例如，输入控制代码%c 显示直径符号。输入的前缀将替代所有默认前缀。

（5）尺寸后缀：在换算标注文字中包含后缀。可以输入文字或使用控制代码显示特殊符号，输入的后缀将替代所有默认后缀。

（6）小数圆整单位：设置除角度之外的所有标注类型的换算单位的舍入规则。

（7）零压缩：控制是否禁止输出前导零和后续零。

（8）显示位置：控制标注文字中换算单位的位置，可以放在"主单位后面"或"主单位下面"。

6. 公差（如图 6-15 所示）

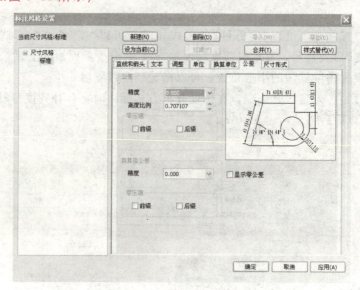

图 6-15　公差设置

1）公差

控制标注文字中公差的文字高度及显示精度。"精度"用于设置尺寸偏差的精确度，可以精确至小数点后 5 位，"高度比例"用于设置当前公差文字相对于基本尺寸的高度比例；"零压缩"用于控制是否禁止输出前导零和后续零。

2）换算值公差

设置换算值公差单位的格式。"精度"用于显示和设置换算单位公差的小数位数，"零压缩"控制是否禁止输出前导零和后续零。

7. 尺寸形式（如图 6-16 所示）

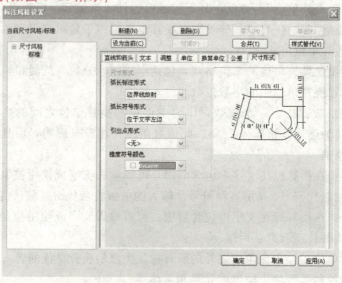

图 6-16　尺寸形式设置

（1）弧长标注形式：设置弧长标注的边界线形式。有"边界线垂直于弦长"和"边界线放射"两个选项，如图6-17所示。

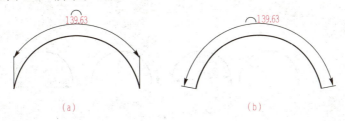

图6-17　弧长标注

(a)边界线垂直，弦长弧长符号在文字上面；(b)边界线放射，弧长符号在文字左边

（2）弧长符号形式：设置弧长标注符号形式，有"位于文字上面"和"位于文字左面"两种形式，如图6-17所示。

（3）引出点形式：设置尺寸标注引出点形式，可以设置无引出点和有引出点。

（4）锥度符号颜色：设置锥度标注时的锥度符号颜色。

三、尺寸标注

由于尺寸类型和形式的多样性，CAXA电子图板2013提供了智能标注功能，系统能够根据拾取元素的不同，智能地判断出所需要的尺寸是线性尺寸、直径尺寸、半径尺寸还是角度尺寸，并且用"尺寸标注"一个命令完成多种标注功能，根据立即菜单由用户选择基本标注、基准标注和连续标注等，而尺寸值既可采用系统自动测量值，也可由用户输入。

1. 基本标注

CAXA电子图板2013具有智能尺寸标注功能，系统根据拾取元素的不同类型和不同数目，根据立即菜单的选择，标注水平尺寸、垂直尺寸、直径尺寸、半径尺寸及角度尺寸等，如表6-2所示。

表6-2　基本标注

基本标注		图例
单个元素的标注	直线	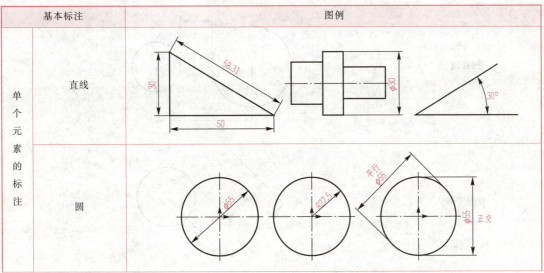
	圆	

基本标注		图例
单个元素的标注	圆弧	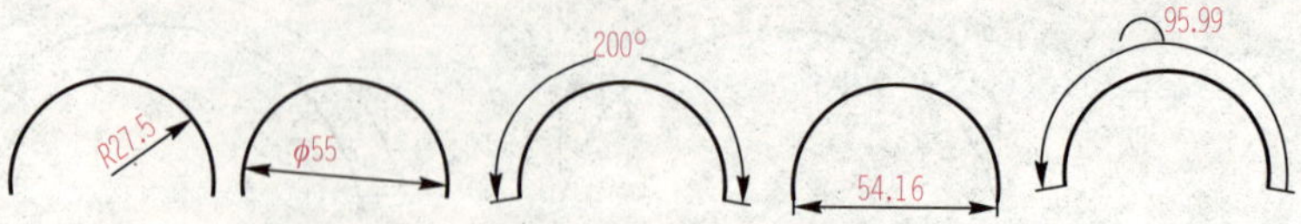 R27.5　φ55　200°　54.16　95.99
两个元素的标注	点和点	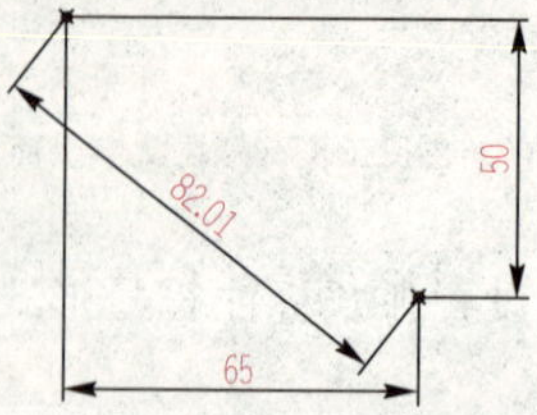 82.01　50　65
	点和直线	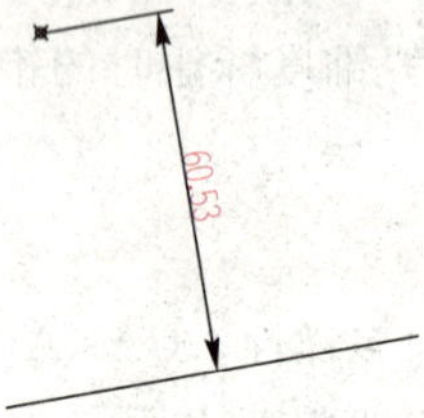 60.53
	点和圆	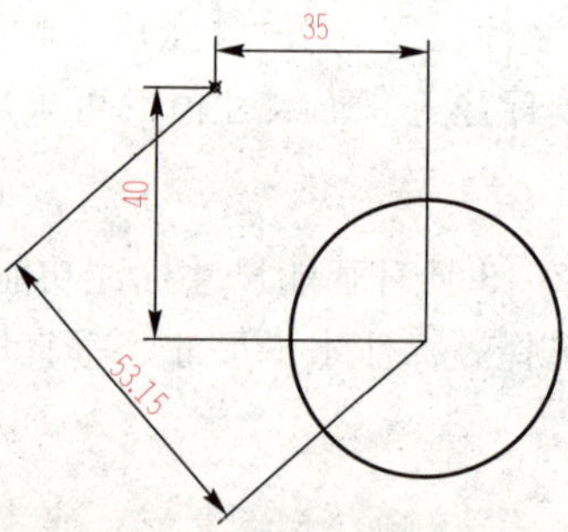 35　40　53.15
	圆和圆	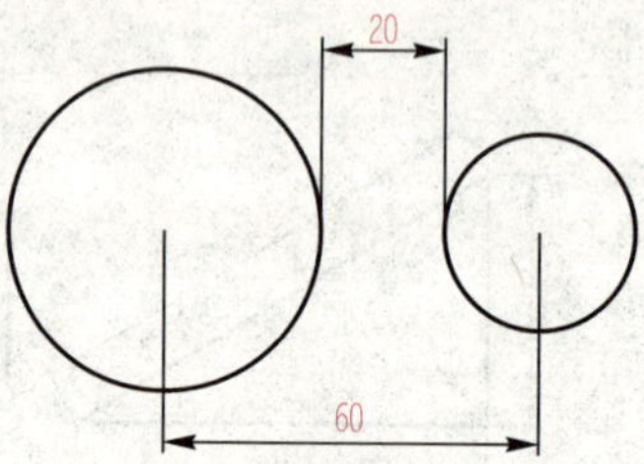 20　60
	直线和圆	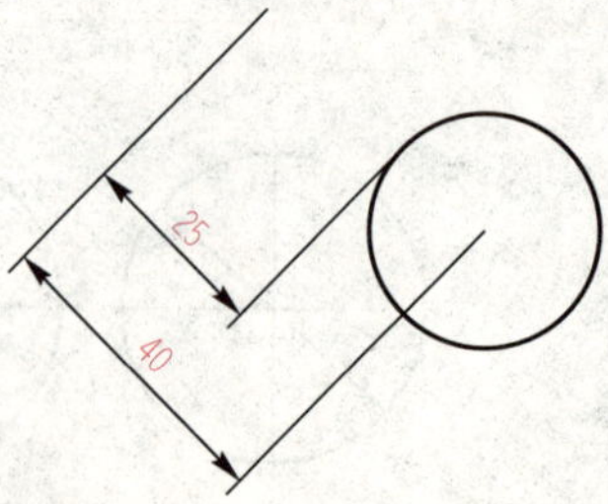 25　40

续表

基本标注		图例
两个元素的标注	直线和直线	

2. 基线标注

使用"基线标注"可以从第一条尺寸界线开始进行一系列的尺寸标注，第一条尺寸界线作为尺寸线开始的基线。当以同一个面（或同一条线）作为基准，标注图形的多个位置尺寸时，常使用这种标注方式，如图 6-18 所示。

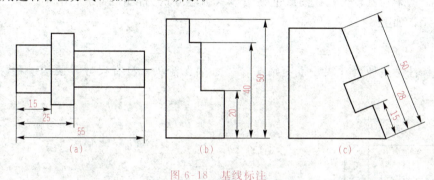

图 6-18　基线标注

(a)水平方向；(b)铅垂方向；(c)两点连线方向

3. 连续标注

以某一个尺寸的尺寸线结束端作为下一个尺寸标注的起始位置的尺寸标注，如图 6-19 所示。

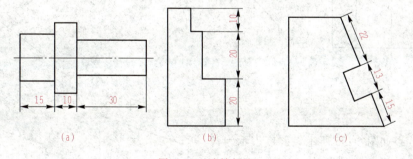

图 6-19　连续标注

(a)水平方向；(b)铅垂方向；(c)两点连线方向

4. 三点角度标注

标注不在同一直线上的三个点的夹角，如图 6-20 所示。

5. 角度连续标注

以某一个角度尺寸的结束端作为下一个角度尺寸标注的起始位置，如图 6-21 所示。

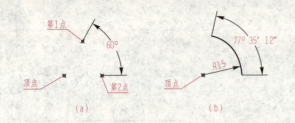

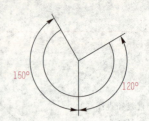

图 6-20　三点角度标注
(a)任意三点标注角度；(b)圆心为顶点标注圆心角

图 6-21　角度连续标注

6. 半径标注

用于标注图纸中只绘制出一半长度(直径)的尺寸，如图 6-22 所示。

7. 大圆弧标注

当圆弧的半径比较大，在图纸上无法显示圆心或认为没有必要标出圆心时，可以使用大圆弧标注，如图 6-23 所示。

8. 射线标注

射线标注是一种尺寸线一端有箭头，另一端无箭头，没有尺寸界线的一种标注方法，如图 6-24 所示。

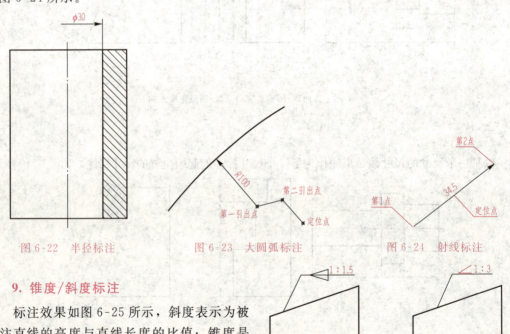

图 6-22　半径标注

图 6-23　大圆弧标注

图 6-24　射线标注

9. 锥度/斜度标注

标注效果如图 6-25 所示，斜度表示为被标注直线的高度与直线长度的比值；锥度是斜度的 2 倍。

10. 其他常用标注

CAXA 电子图板 2013 除了上述标注方法外，还有如坐标标注、公差标注、倒角标注等，如表 6-3 所示。

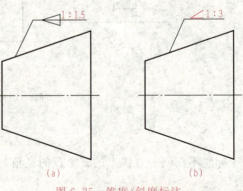

图 6-25　锥度/斜度标注
(a)锥度标注；(b)斜度标注

表 6-3　其他常用标注

其他标注	图例
坐标标注	坐标原点 X：0.00，Y：0.00，旋转角：0.00 |	P_x	P_y	ϕ | |---|---|---|---| | 1 | −35.00 | −30.00 | 10.00 | | 2 | −35.00 | 0.00 | 10.00 | | 3 | −35.00 | 30.00 | 10.00 | | 4 | 0.00 | 30.00 | 10.00 | | 5 | 35.00 | 30.00 | 10.00 | | 6 | 35.00 | 0.00 | 10.00 | | 7 | 35.00 | −30.00 | 10.00 | | 8 | 0.00 | −30.00 | 10.00 | | 9 | 0.00 | 0.00 | 10.00 |
公差标注	$\phi40H7$　$\phi50^{+0.025}_{-0.050}$
倒角标注	C3　C1　C1.5

任务二　文字类标注

　　工程图中文字是不可缺少的重要内容，它用来表示图形无法表达的内容和信息，如技术要求等。另外标题栏和明细表中的所有信息也需要用文字来说明，不过 CAXA 电子图板 2013 对标题栏和明细表的填写有专门的命令，本节介绍的文字标注不包括标题栏和明细表内容。

一、文本风格设置

　　文本风格用于设置尺寸标注、工程标注、标题栏、明细表及文字标注中的文本样式。CAXA 电子图板 2013 机械版提供了"标准"和"机械"两种文本风格，用户可以修改这两种风格，也可以为各种标注建立自己的文本风格，如图 6-26 所示。

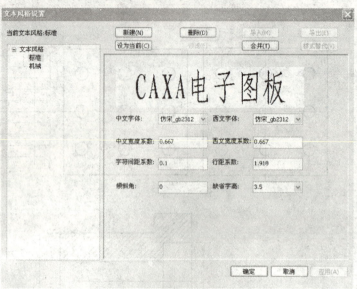

图 6-26　文本风格设置

1. 当前文本风格

正在使用的文本风格。列表框中列出了全部已有的各种文本风格，用户可以从中选择一个作为当前风格，系统自带了标准和机械两种风格，默认为标准。

2. 新建文本风格

单击"新建"按钮创建新的文本风格，这时弹出"新建风格"对话框，在这里选择一个基准风格，输入新的风格名称，单击"确定"按钮，一个新的文本风格即被创建。

3. 删除文本风格

选择一个风格，单击"删除"按钮，删除该风格。"标准"风格和正在使用的风格不能被删除。

4. 设为当前文本风格

单击"设为当前"按钮将选中的风格设置为当前文本风格。

5. 合并文本风格

单击"合并"按钮弹出合并风格对话框，可以将一个风格合并到另一风格中。

6. 风格参数

用于设置文本风格的各种参数，各项的功能分述如下：

（1）"中文字体"和"西文字体"：分别用于设置中西文字体，中文和西文可以设置不一样的字体。

（2）"中文宽度系数"和"西文宽度系数"：设置文字宽度占高度的比例，默认为 2/3。

（3）"字符间距系数"：设置字与字之间的间隔距离。

（4）"倾斜角"：设置文字的倾斜角度，即斜体字。

（5）"行距系数"：设置行与行之间的间隔距离。

（6）"缺省字高"：设置缺省的文字高度。标注文字时可使用缺省文字高度，也可单独设置。

建议不要对系统自带的标准风格和机械风格进行修改，需要其他的风格时可以建立自己的各种风格。

二、文字标注

文字标注是一种比较特殊的标注，因此 CAXA 电子图板 2013 没有将该功能放到标注菜单中，而是放到了绘图菜单中，其常用的有指定两点、搜索边界及曲线文字三种标注方式，如表 6-4 所示。

表 6-4　文字标注

文字标注方式	图例
指定两点	第1点 CAXA电子图板2013 第2点
搜索边界	福 环内任意1点
曲线文字	CAXA电子图板2013 起点　　　终点

三、引出说明

引出说明用于标注引出注释，由文字和引线两部分组成，如图 6-27 所示。

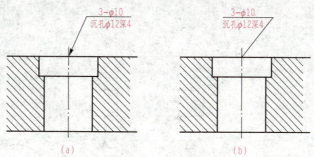

图 6-27　引出说明

（a）文字方向缺省，带箭头；（b）文字反向，不带箭头

任务三 工程符号类标注

一张完整的图纸除了具有尺寸标注和文字说明外，还有很多特殊的要求，如形位公差、粗糙度要求等，CAXA 电子图板 2013 为这些工程标注提供了非常丰富的标注命令，用户可以轻而易举地完成机械制图中常用的工程标注。

一、基准代号

1. 基准代号风格设置（如图 6-28 所示）

图 6-28 基准代号风格设置

2. 基准代号标注（如表 6-5 所示）

表 6-5 基准代号标注

基准代号标注方式	图例
基准标注	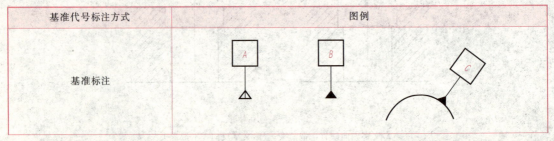

续表

基准代号标注方式		图例
基准目标	目标标注	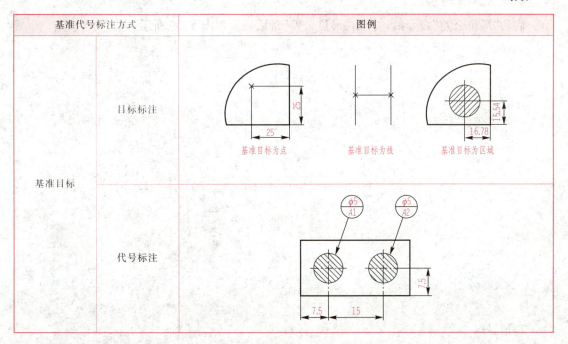 基准目标为点　　基准目标为线　　基准目标为区域
	代号标注	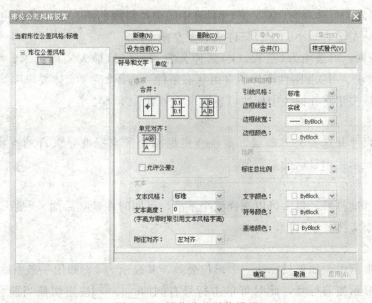

二、形位公差

　　工程标注中的公差标注包括尺寸公差标注以及形状和位置公差标注。在 CAXA 电子图板 2013 环境下，尺寸公差标注是通过尺寸数值输入时带有特殊符号或标注时通过右键操作来实现的。形位公差的标注是通过"基准代号"和"形位公差"来实现的。

1. 形位公差风格设置(如图 6-29 所示)

图 6-29　形位公差风格设置

2. 形位公差标注

启动"形位公差"命令后，弹出"形位公差"对话框，如图 6-30 所示。

图 6-30　形位公差标注

1）预显区

显示选择的形位公差标注效果。

2）公差代号区

单击某形位公差按钮，即在预览区显示选择的效果，图 6-30 所示为单击 ⊥ 按钮的预显效果，该按钮为垂直度公差按钮。鼠标移动到按钮上，稍停会提示该按钮的功能说明。

3）公差数值区

（1）前缀：从列表框中可以选择 S、R、ϕ、SR、CR、$S\phi$ 等前缀。

（2）公差数值：根据公差等级自动填充，也可由用户输入。

（3）形状限定：可选项为（空）、（－）只许中间向材料内凹下、（＋）只许中间向材料外凸起、（＞）只许从左至右减小、（＜）只许从右至左减小。

（4）相关原则：可选项为（空）、（P）延伸公差带、（M）最大实体要求、（E）包容要求、（L）最小实体要求、（F）非刚性零件的自由状态条件。选择"最大实体要求"，可逆要求 ⑱ 按钮激活，单击该按钮将在标注中标注可逆要求符号 R。

4）公差查表

输入基本尺寸并选择公差等级，系统会根据相关国家标准要求自动查找形位公差值，并在公差数值显示栏中显示公差数值。

5）基准区

用于输入基准符号，最多可以选择三个基准。可同时在基准后加入"最大实体要求""包容要求"和"最小实体要求"符号。

6）行管理区

"当前行"提示中，如果只标注一个形位公差，其显示为 1，如用一条引线同时标注多个形位公差，则显示当前行号，此时可单击行号右侧的 ◀、▶ 按钮切换当前行；单击"增加行"按钮可以增加一行，用于同时标注多行形位公差；多行标注时，单击"删除行"按钮，删除当前行；单击"清零"按钮，清除已经进行的选择或输入操作，但不退出对话框，可以再次进行选择。

　　7）附注输入框

　　在此处输入一些附加注释或说明，如需要附加相关尺寸、尺寸偏差及配合性质等，单击"尺寸与配合"按钮，打开"尺寸标注属性设置"对话框，可以在标注形位公差的同时将尺寸作为附注标注在上面。图6-31为形位公差标注示例。

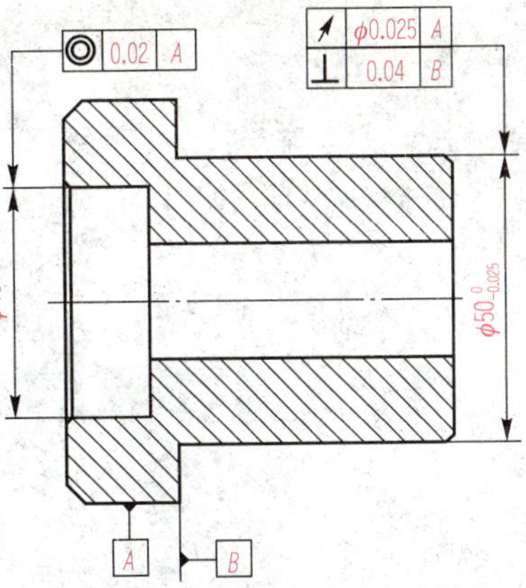

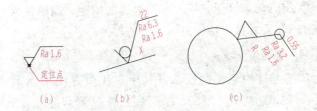

图6-31　形位公差标注示例

三、表面粗糙度

1. 简单标注

　　简单标注只能标注表面处理方式和粗糙度值，按"Alt＋3"组合键选择表面处理方式，包括"去除材料""不去除材料"和"基本符号"三种方式；按"Alt＋4"组合键输入表面粗糙度数值；按"Alt＋2"组合键可以选择是否需要将粗糙度符号引出进行标注。

2. 标准标注

　　若立即菜单第1项选择"标准标注"，系统弹出如图6-32所示的"表面粗糙度"对话框，标注效果如图6-33所示。

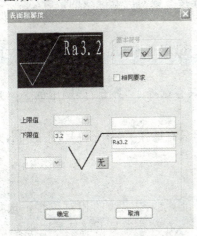

图6-32　表面粗糙度标注

图6-33

(a)标准标注(拾取点)；(b)标准标注；(c)标准标注(拾取圆)

四、焊接符号标注

　　启动"焊接符号"命令，弹出如图6-34所示对话框。

1. 预显及样式区

　　对话框的右上部是焊接参数含义的示意图，可供用户在设置焊接符号时参考，左上部是预显框，用户进行的选择和输入均在此预显框中实时显示。

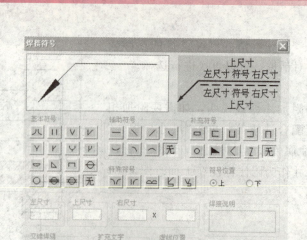

图 6-34 焊接符号标注

2. 焊接符号区

该区域是一系列焊接符号选择按钮，包括焊接中的"基本符号""辅助符号""补充符号"和"特殊符号"。"符号位置"组的单选按钮用来控制当前焊接参数对应基准线的位置。

3. 尺寸及说明区

尺寸及说明区位于对话框的第三行，其中"尺寸输入区"用于输入焊接符号的"左尺寸""上尺寸"和"右尺寸"。

"焊接说明"区用于输入有关焊缝的文字注释，该区只有选择了"补充符号"中的 $\boxed{<}$（尾部符号）才被激活。

"交错焊缝"区用于输入交错焊缝的间距，间距输入框只有选择了"补充符号"中的 $\boxed{Z}$（交错断续焊接）才被激活。

4. 符号位置区

该区位于对话框的底部，其中虚线位置用来表示基准虚线与实线的相对位置，选择"无"，则不画虚线。"扩充文字"在选择 V 形焊缝时被激活，在焊接符号上部显示扩充文字。

单击"清除行"按钮将当前焊接参数清零。

在对话框中选择焊接"基本符号""辅助符号""补充符号"和"特殊符号"，并选择"符号位置"，输入焊缝尺寸，同时可根据不同的焊接要求输入"补充文字"或"交错焊缝"的间距，然后单击"确定"按钮返回绘图窗口，之后按照状态行提示"拾取定位点或直线或圆弧"，再指定"引线转折点"，拖动鼠标确定定位点即可完成"焊接符号"标注。图6-35 所示为焊接标注的示例图。

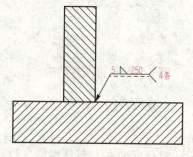

图 6-35 焊接标注示例

五、剖切符号

1. 剖切符号风格设置(如图 6-36 所示)

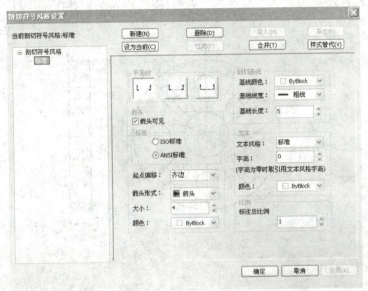

图 6-36　剖切符号风格设置

(1)平面线：设置剖切符号平面线的形式。

(2)箭头：设置剖切符号的箭头参数。

①箭头可见：设置剖切符号的箭头是否可见。

②标准：选择剖切符号是使用 ISO 标准还是使用 ANSI 标准，两种标准的箭头方向相反。

③起点偏移：设置剖切符号的起点偏移形式为"齐边"或"动态"。

④箭头形式：设置剖切符号的箭头形式。

⑤大小：设置剖切符号箭头的大小。

⑥颜色：设置剖切符号箭头的颜色。

(3)剖切基线：指定剖切符号的剖切基线参数，如颜色、线宽、长度。

(4)文本：指定剖切符号的文字参数，如引用的风格、字高、颜色。

(5)比例：设置剖切符号的标注总比例。

2. 剖切符号标注

(1)状态行提示"画剖切轨迹(画线):"，以连续绘制两点线的方式画出剖切轨迹线，单击鼠标右键结束画线状态。

(2)此时在剖切轨迹线的终止点沿最后一段剖切轨迹线法线方向显示两个箭头标识，状态行提示"请单击箭头选择剖切方向:"，在双向箭头的一侧单击鼠标左键以确定剖视方向或者单击鼠标右键取消剖视方向标识。

(3)方向确定后，再次弹出一个立即菜单用于指定剖面名称。

（4）此时状态行提示"指定剖面名称标注点："，这时跟随鼠标指针有一个表示剖面名称的符号，单击鼠标左键确认剖面名称的放置位置。可以在多个位置放置剖面名称符号，直至单击右键结束。

（5）此时跟随鼠标以"$X-X$"（X为剖面名称）的形式显示剖视图标注符号，在合适的位置单击鼠标左键放置剖视图标注符号，完成标注，如图 6-37 所示。

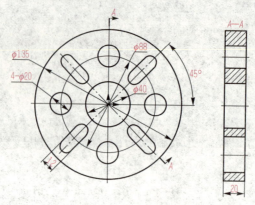

图 6-37　剖切符号标注

任务四　其他标注功能

一、标注编辑

当发生标注错误或认为原来的标注不合适时，需要使用标注编辑命令对原来的标注进行编辑、修改。标注编辑几乎可以对所有的标注（包括尺寸、文字、工程符号）进行编辑修改，既可以修改标注位置，也可以修改标注内容，而这些仅仅通过一个命令即可完成，系统根据拾取的标注实体自动弹出相应的立即菜单。

1. 线性尺寸编辑

1）尺寸线位置的编辑

当拾取要编辑的线性尺寸后，状态行提示"新位置："，用户可以直接拖动尺寸线改变尺寸线的位置，改变位置的同时也可通过修改立即菜单项改变标注的其他内容，如按"Alt＋2"组合键修改文字方向，按"Alt＋3"组合键修改文字位置等。立即菜单中的"界线角度"可以按"Alt＋4"组合键修改，该角度指尺寸线与水平线的夹角，图 6-38 所示为是将尺寸界线角度

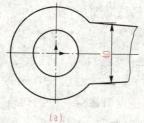
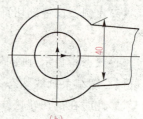

图 6-38　尺寸位置的编辑
(a)修改角度前；(b)修改角度后

修改到 25°的图例，显然比修改前清晰多了。

2）文字位置的编辑

将立即菜单的第 1 项切换至"文字位置"，状态行提示"新位置："，这时可以拖动文字至需要的任意位置，单击鼠标左键确定新的位置。如按"Alt＋2"组合键选择了加引线，则将标注的尺寸引出尺寸线外标注，并加上引线。

当修改尺寸线位置、文字位置时，可同时修改"前缀"和"后缀"，也可单击右键打开公差标注对话框，进行公差及附注等的修改。

3）箭头形状的修改

将立即菜单切换到"箭头形状"，弹出如图 6-39 所示的对话框。选择合适的箭头后，单击"确定"完成修改。CAXA 电子图板 2013 提供了 20 种尺寸箭头类型可供选择。修改箭头形状采用了电子图板的"特性覆盖"机制，它是电子图板中一种灵活的替代机制。通过一次特性覆盖，可以让对象的某一个属性不与风格中的设置保持一致。

图 6-39　箭头形状编辑

除使用特定编辑功能的立即菜单进行特性覆盖外，电子图板 2013 中全部的特性覆盖操作均可以在"特性"工具选项板中进行。使用特性覆盖后，对象被覆盖的特性将不再跟随该对象的引用风格变化。

2. 直径或半径尺寸的编辑

拾取一个直径或半径尺寸，弹出与线性尺寸编辑类似的立即菜单，但只有"尺寸线位置"和"文字位置"两项，没有"文字内容"和"箭头形状"两个选项。修改方法也与线性尺寸类似。

3. 角度尺寸的编辑

拾取一个角度尺寸，弹出可以修改角度的"尺寸线位置"和"文字位置"的立即菜单。修改"尺寸线位置"时，第 4 项为"文字居中"或"文字拖动"；修改"文字位置"时，第 4 项为"是否加引线"。

4. 其他标注编辑方法

1）使用快捷菜单编辑标注

选择任何一个标注，单击鼠标右键，均会弹出一个快捷菜单，选择其中的"标注编辑"一项，可以打开相应的标注编辑立即菜单，对标注进行编辑。选择的标注类型不同，显示的立即菜单也有所差别。

2）使用夹点编辑尺寸

CAXA 电子图板 2013 将线性尺寸标注的夹点增加为 5 个，可以实现对尺寸标注的拉伸，拉伸后的尺寸值将自动更改。该功能使得用户在修改图纸时可以实现对修改部分的快速标注。

3）使用"特性"选项板编辑标注

使用"Ctrl＋Q"组合键或使用 CH 命令或单击"特性"按钮打开特性选项面板，选中一个标注后，"特性"选项板中就显示该标注的各种特性，可以对其层信息、风格信息、直线和箭头、基本单位、换算单位、文本、公差、尺寸形式等进行修改。

4）标注关联

电子图板支持标注关联，通过拾取对象生成的标注可以随被标注对象的改变而改变。有标注尺寸的标注对象也会随标注对象尺寸的改变而改变标注数值。例如，拾取一条直线并对其进行线性标注，在对直线进行夹点编辑时，线性标注的引出点会随直线的端点移动，尺寸值也会发生相应变化。

使用标注关联功能，需要在"选项"（Options）命令的"文件属性"中勾选上"使新标注可关联"复选框。

5）双击编辑标注

双击尺寸标注时，大致可分为三种情况，分别为进入标注编辑、弹出"尺寸标注属性设置"对话框和弹出"角度公差"对话框。其规则是：如果该标注能被"尺寸标注属性设置"对话框或"角度公差"对话框编辑，则弹出相应的对话框，如果不能则进入该标注的标注编辑模式。

二、尺寸驱动

尺寸驱动是 CAXA 电子图板 2013 系统提供的一种局部参数化功能。用户在选择一部分实体及相关尺寸后，系统将根据尺寸建立实体间的拓扑关系，当用户选择想要改动的尺寸并改变其数值时，相关实体及尺寸将受到影响并发生变化，但元素间的拓扑关系尽可能保持不变，如相切、相连等。另外，系统可自动处理过约束及欠约束的图形，如图 6-40 所示。

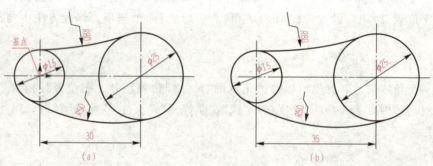

图 6-40　尺寸驱动

(a)驱动前；(b)驱动后

三、零件序号及明细表

机械工程图样主要有两类——零件图和装配图。表达单个零件的图样称为零件图。表达机器或部件装配关系、工作原理等内容的图样称为装配图。在装配图中，为了表达各零件在装配图上的位置及零件的有关信息，需要为每一种零件编制一个序号，称为零件序号。而在标题栏的上方以表格的形式列出对应于每一种零件的名称、数量、材料、国标号等详细信息，称为明细表。CAXA 电子图板 2013 提供了生成、删除、编辑和设置零件序号及明细表的功能。

1. 零件序号(如表 6-6 所示)

表 6-6 零件序号

序号操作	功能/图例
生成	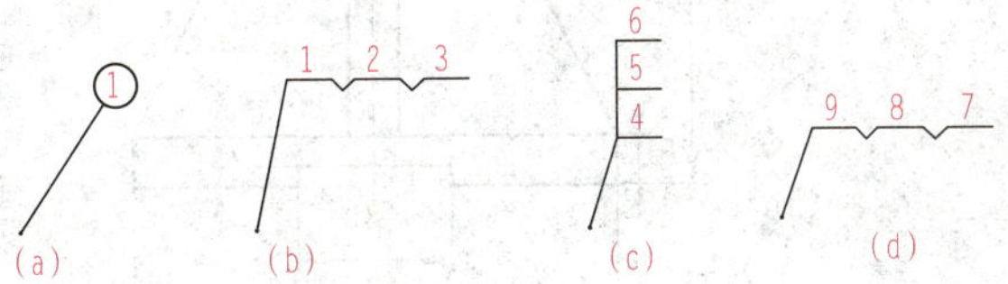 (a)加圈标注；(b)公共指引线方式；(c)垂直方式；(d)由外向内标注
删除	将已有序号中不需要的删除，同时删除明细表中的相应表项
编辑	用于修改已有序号的位置，不能修改序号值
交换	交换序号的位置，并根据需要交换明细表的内容

2. 明细表(如表 6-7 所示)

表 6-7 明细表

明细表操作	功能/图例
填写	在明细表中填写对应于某一零件序号的各项内容，并自动定位
删除表项	删除明细表中的某一个表项
表格折行	将已存在的明细表表格在指定的位置处向左或向右转移
插入空行	在明细表中插入一个空行
输出	按给定参数将当前图形中的明细表数据信息输出到单独的文件中
数据库操作	与其他外部文件交换数据并且可以关联

任务五 应用示例

一、用本项目所学过的工程标注命令为(项目四、上机练习)轴承座标注尺寸

用本项目所学过的工程标注命令为(项目四、上机练习)轴承座标注尺寸，如图 6-41 所示。

1. 标注分析

该轴承座的尺寸标注中，均为线性尺寸。因此使用 CAXA 电子图板 2013 中"尺寸标注"命令的不同方式就可以进行全图的标注。

(1)用"基本标注"方式标注主视图中的 50、5、2、16，俯视图中的 12，左视图中的 6、$\phi6$、$\phi12$、$\phi22$。

(2)用"基准标注"方式标注主视图中的基准尺寸 5 和 30，以及俯视图中的 5 和 20。

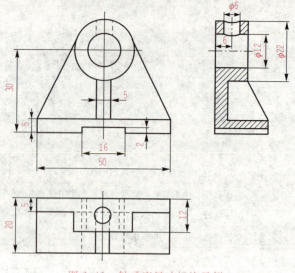

图 6-41　轴承座尺寸标注示例

2. 标注过程

(1)打开或绘制"轴承座"文件。

(2)根据图形的大小及图形的复杂程度，适当设置标注参数，使图形清晰美观。

鼠标左键单击"主菜单栏"上"格式(O)"→"尺寸(D)"→弹出"标注风格设置"对话框，如图 6-42 所示填写。

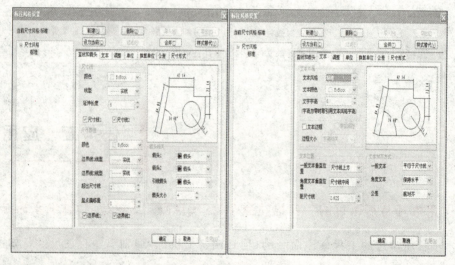

图 6-42　标注风格设置

(3)用"尺寸标注"命令中的"基本标注"方式标注图中的尺寸。

①鼠标左键单击"主菜单栏"上"标注(N)"→"尺寸标注(D)"→"尺寸标注(S)"或鼠标左键单击"标注"工具栏上 ⊢┤→设置"立即菜单"为 1. 基本标注 ▾ →根据提示要求"拾取标注元素或点取第一点;"，用鼠标左键单击拾取主视图中底板的左轮廓线，将出现的立即菜单设置为

| 1. 基本标注 ▼ | 2. 文字平行 ▼ | 3. 长度 ▼ | 4. 正交 ▼ | 5. 文字居中 ▼ | 6. 前缀 | 7. 后缀 | 8. 基本尺寸 5 |

→根据提示，用鼠标左键单击拾取底板右边轮廓线，将出现的立即菜单设置为

| 1. 基本标注 ▼ | 2. 文字平行 ▼ | 3. 长度 ▼ | 4. 正交 ▼ | 5. 文字居中 ▼ | 6. 前缀 | 7. 后缀 | 8. 基本尺寸 50 |

→根据提示"尺寸位置："，拖动鼠标，在适当位置处单击鼠标左键，即可标注完成底板长度尺寸 50，如图 6-43 所示。

②根据提示要求"拾取标注元素或点取第一点："，方法同上，分别标注主视图中的尺寸5、2、16，俯视图中的尺寸 12，左视图中的尺寸 6，如图 6-44 所示。

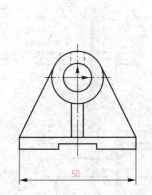

图 6-43 轴承座尺寸标注(一)

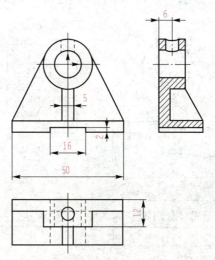

图 6-44 轴承座尺寸标注(二)

③根据提示要求"拾取标注元素或点取第一点："，分别用鼠标左键单击拾取左视图中的 $\phi12$ 孔的上、下轮廓线，将出现的立即菜单设置为

| 1. 基本标注 ▼ | 2. 文字平行 ▼ | 3. 直径 ▼ | 4. 正交 ▼ | 5. 文字居中 ▼ | 6. 前缀 %c | 7. 后缀 | 8. 基本尺寸 12 |

→根据提示"尺寸线位置："，拖动鼠标，在适当位置处单击鼠标左键，即可标注完成孔的直径尺寸 $\phi12$。

④方法同上，分别标注左视图中的尺寸 $\phi6$、$\phi22$，如图 6-45 所示。

(4)用"尺寸标注"命令中的"基线"方式标注图中其余尺寸。

①鼠标左键单击"主菜单栏"上"标注（N）"→"尺寸标注（D）"→"基线（A）"或鼠标左键单击"标注"工具栏上 ⊢⊣ →设置"立即菜单"为

| 1. 基线 ▼ |

→根据提示"拾取线性尺寸或第一引出点："，利用工具点菜单分别捕捉主视图底板的下角点和左上角点，则出现的立即菜单设置为

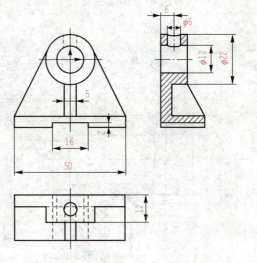

图 6-45 轴承座尺寸标注(三)

| 1. 基线 | ▼ 2. 文字平行 | ▼ 3. 正交 | ▼ 4. 前缀 | 5. 后缀 | 6. 基本尺寸 | 5 → 根据 |

提示"尺寸线位置:",拖动鼠标,在适当位置处单击鼠标左键,即可标注完成底板高度尺寸5,将出现的立即菜单设置为

| 1. 基线 | ▼ 2. 文字平行 | ▼ 3. 尺寸线偏移 | 10 | 4. 前缀 | 5. 后缀 | 6. 基本尺寸 | 计算尺寸 |

→根据提示要求"第二点引出点:",利用工具点菜单捕捉上部两同心圆的水平中心线的端点,即可标注完成轴承孔轴线的高度尺寸30,按下"Esc"键结束该命令,如图6-46所示;

②方法同上,标注俯视图中的基准尺寸5和20,如图6-47所示。

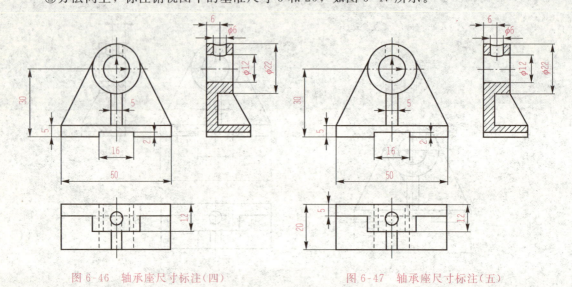

图6-46 轴承座尺寸标注(四)　　　　图6-47 轴承座尺寸标注(五)

二、用本项目所学过的工程标注命令为端盖标注尺寸

用本项目所学过的工程标注命令为(项目四、任务三)端盖标注尺寸,如图6-48所示。

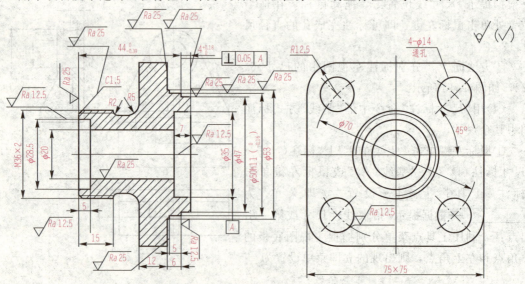

图6-48 端盖尺寸标注示例

1. 标注分析

该端盖的工程标注中，包括线性尺寸、角度尺寸、倒角、尺寸公差、形位公差、表面粗糙度等内容，可采用标注命令进行标注。

2. 标注过程

（1）打开或绘制"端盖"文件。

（2）根据图形的大小及图形的复杂程度，适当设置标注参数，使图形清晰美观，如图6-49所示。

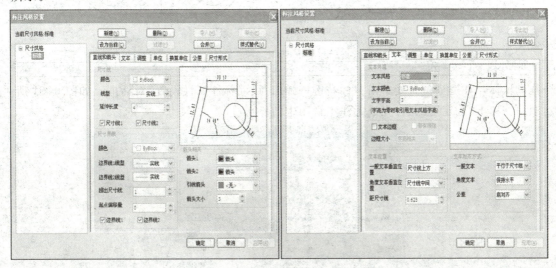

图6-49　标注风格设置

（3）用"尺寸标注"命令中的"基本标注"方式标注图中轴和孔的直径、螺纹尺寸、长度方向的线性尺寸、圆角的半径、圆的直径。

①鼠标左键单击"标注"工具栏上 ⊢⊣→设置"立即菜单"为 1.基本标注 ▼ →根据提示要求"拾取标注元素或点取第一点："，用鼠标左键单击拾取主视图中φ28.5孔的上、下轮廓线，将出现的立即菜单设置为

| 1. 基本标注 ▼ | 2. 文字平行 ▼ | 3. 直径 ▼ | 4. 正交 ▼ | 5. 文字居中 ▼ | 6. 前缀 %c | 7. 后缀 | 8. 基本尺寸 28.5 |

→根据提示"尺寸位置："，拖动鼠标，在适当位置处单击鼠标左键，即可标注完成孔的直径尺寸φ28.5。

②根据提示"拾取标注元素："，方法同上，分别标注主视图中的尺寸φ20、φ53、φ47、φ35，如图6-50所示。

③根据提示"拾取标注元素："，分别用鼠标左键单击拾取主视图中左端螺纹M36×2的上、下轮廓线，将出现的立即菜单设置为

| 1. 基本标注 ▼ | 2. 文字平行 ▼ | 3. 直径 ▼ | 4. 正交 ▼ | 5. 文字居中 ▼ | 6. 前缀 M | 7. 后缀 %%2 | 8. 基本尺寸 36 |

→根据提示"尺寸位置："，拖动鼠标，在适当位置处单击鼠标左键，即可标注完成螺纹标注。

④根据提示要求"拾取标注元素或点取第一点："，用鼠标左键单击拾取主视图中φ50轴的上、下轮廓线，将出现的立即菜单设置为

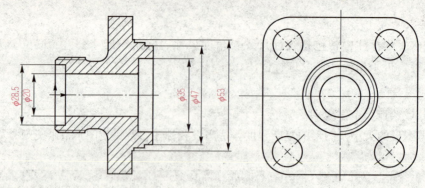

图6-50 端盖尺寸标注(一)

1.基本标注	2.文字平行	3.直径	4.正交	5.文字居中	6.前缀 %c	7.后缀	8.基本尺寸 50

→拖动鼠标，在适当位置处单击鼠标右键，弹出"尺寸标注属性设置"对话框，如图 6-51 所示填写→单击"确定"按钮，完成标注主视图中的$\phi50h11(_{-0.16}^{0})$尺寸。

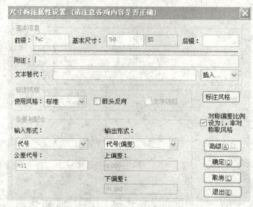

图6-51 尺寸标注属性设置

⑤根据提示要求"拾取标注元素或点取第一点:"，用鼠标左键单击拾取左视图中的$\phi70$中心线圆，将立即菜单设置为

1.基本标注	2.文字平行	3.直径	4.文字拖动	5.前缀 %c	6.后缀	7.尺寸值 70

→拖动鼠标，在适当位置处单击鼠标左键，即可标注完成中心线圆的直径$\phi70$，如图 6-52 所示。

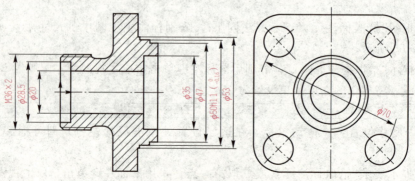

图6-52 端盖尺寸标注(二)

⑥根据提示要求"拾取标注元素或点取第一点:",用鼠标左键单击拾取左视图中的 $R12.5$ 圆弧,将立即菜单设置为

1. 基本标注	2. 半径	3. 文字水平	4. 文字居中	5. 前缀 R	6. 后缀	7. 基本尺寸　12.5

→拖动鼠标,在适当位置处单击鼠标左键,即可标注完成拾取圆弧的半径 $R12.5$;同理完成 $R2$、$R5$ 的标注,如图 6-53 所示。

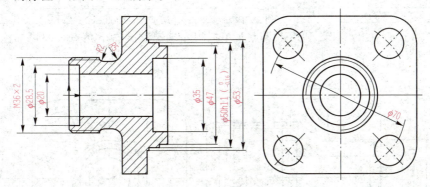

图 6-53　端盖尺寸标注(三)

⑦根据提示要求"拾取标注元素或点取第一点:",用鼠标左键单击拾取主视图中 $\phi35$ 孔的左、右轮廓线,将出现的立即菜单设置为

1. 基本标注	2. 文字平行	3. 长度	4. 文字居中	5. 前缀	6. 后缀	7. 基本尺寸　7

→拖动鼠标,在适当位置处单击鼠标左键,即可标注完成孔的长度尺寸 7。

⑧根据提示要求"拾取标注元素或点取第一点:",方法同上,标注主视图中的尺寸 12、5、$44_{-0.39}^{0}$、$4_{0}^{+0.18}$,标注左视图中的尺寸 75×75,如图 6-54 所示。

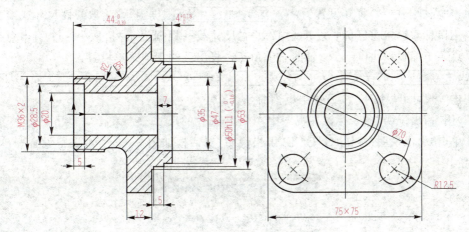

图 6-54　端盖尺寸标注(四)

(4)用"尺寸标注"命令中的"三点角度"方式标注左视图中的角度尺寸 $45°$。

鼠标左键单击"标注"工具栏上 ▭ →设置"立即菜单"为

1. 三点角度	2. 文字水平	3. 度	4. 文字居中	5. 前缀	6. 后缀	7. 基本尺寸

→利用工具点菜单分别捕捉左视图中矩形中心线的交点作为顶点,捕捉水平中心线的端点作为第一点,捕捉倾斜中心线的端点作为第二点→根据提示"尺寸线位置",拖动鼠标,在

适当位置处单击鼠标左键，即可完成角度标注。

（5）用"尺寸标注"命令中的"基线"方式标注主视图中的基准尺寸 15。

鼠标左键单击"标注"工具栏上 ⊢⊣ →设置"立即菜单"为 1.基线 ▾ →根据提示"拾取线性尺寸或第一引出点："，用鼠标左键单击拾取主视图中已标的长度尺寸 5 的左尺寸线，则出现的立即菜单设置为

| 1. 基线 | 2. 文字平行 ▾ | 3.尺寸线偏移 10 | 4. 前缀 | 5. 后缀 | 6. 基本尺寸 计算尺寸 | →根据

提示要求"第二点引出点："，利用工具点菜单捕捉左端螺纹的右下角点，即可标注完成基准尺寸 15，按下"Esc"键结束该命令，如图 6-55 所示。

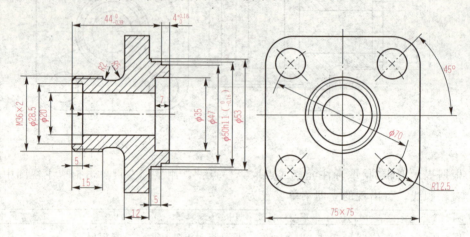

图 6-55 端盖尺寸标注（五）

（6）用"尺寸标注"命令中的"连续标注"方式标注主视图中的连续尺寸 6。

单击"立即菜单"，将其设置为：| 1. 连续标注 ▾ | →根据提示"拾取线性尺寸或第一引出点："，用鼠标左键单击已标长度尺寸 12 的右尺寸线→根据提示"拾取另一个引出点："，利用工具点菜单捕捉ϕ50h11($_{-0.16}^{0}$)轴的右下角点，将出现的立即菜单设置为

| 1. 连续标注 | 2. 文字平行 ▾ | 3.前缀 | 4. 后缀 | 5. 基本尺寸 计算尺寸 | 即可标

注完成连续尺寸 6，按下"Esc"键结束该命令。

（7）用"引出说明"命令标注左视图中 $4\times\phi14$ 通孔的尺寸。

①单击"引出说明"按钮 ⌐ →弹出"引出说明"对话框如图 6-56 所示进行设置→单击"确定"按钮。

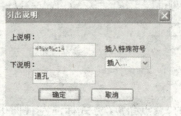

图 6-56 引出说明

②将出现的立即菜单设置为：| 1. 文字缺省方向 ▾ | 2.延伸长度 3 | →根据提示"第一点："，利用工具点菜单捕捉要标注的小圆上一点→拖动鼠标，在适当位置处单击鼠标左键，确定第

二点，即可完成标注，如图 6-57 所示。

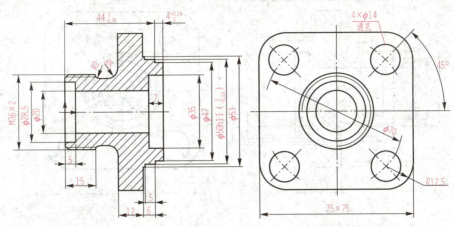

图 6-57　端盖尺寸标注（六）

（8）用"倒角标注"命令标注主视图中的倒角 C1.5。

①单击"倒角标注"按钮 [Y] →根据提示"拾取倒角线："，用鼠标左键单击拾取左上角的倒角线→设置立即菜单为 [1. 水平标注 ▾ · 2. 轴线方向为x轴方向 ▾ · 3. 简化45度倒角 ▾ · 4. 基本尺寸 C1.5]。

②根据提示"尺寸线位置："，拖动鼠标，在适当位置处单击鼠标左键，确定尺寸线位置，即可完成标注。

（9）用"形位公差"命令标注主视图中的形位公差，用"基准代号"命令标注基准 A。

①单击"形位公差"按钮 [📧]→将弹出的"形位公差"对话框如图 6-58 所示进行设置→单击"确定"按钮。

②将出现的立即菜单设置为：[1. 水平标注 ▾]→根据提示"拾取定位点或直线或圆弧："，用鼠标单击拾取线性尺寸 $44_{-0.39}^{\ 0}$ 的右尺寸线→此时，系统提示"引线转折点："，继续拖动鼠标，在适当位置处单击鼠标左键，确定标注的定位点，即可完成标注。

③单击"基准代号"按钮 [▲]，将出现的立即菜单设置

图 6-58　形位公差标注

为 [1. 基准标注 ▾ · 2. 给定基准 ▾ · 3. 默认方式 ▾ · 4. 基准名称 A]→根据提示"拾取定位点或直线或圆弧："，用鼠标单击拾取直径尺寸 φ35 的下尺寸界线，此时系统提示"拖动确定标注位置："→拖动鼠标，将基准代号标注在 φ35 尺寸线的正下方，即可完成标注，如图 6-59 所示。

（10）用"粗糙度"命令标注图中的粗糙度。

①单击"粗糙度"按钮 [√]，将出现立即菜单设置为 [1. 简单标注 ▾ · 2. 默认方式 ▾ · 3. 去除材料 ▾ · 4. 数值 25]→根据提示"拾取定位点或直线或圆弧："，用鼠标左键单击拾取主视图右端 φ47 的上尺寸界线→拖动鼠标，在适当位置处单击鼠标左键，确定标注位置，即可标注完成该粗糙度。

②系统继续提示"拾取定位点或直线或圆弧："，方法同上，分别完成剩余相同粗糙度的标注。

③将粗糙度值设置为 12.5，方法同上，标注剩余的粗糙度。

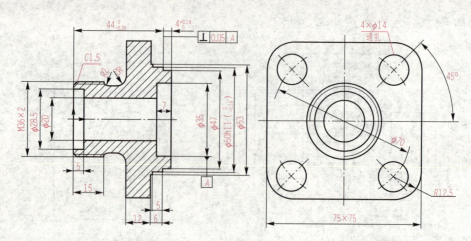

图 6-59 端盖尺寸标注（七）

（11）用"文字标注"命令标注图形右上角文字及粗糙度符号。

①单击"文字标注"按钮 **A**，将出现的立即菜单设置为： 1. 指定两点 ▼ →按提示要求，在图形的右上角单击鼠标左键，确定标注文字的左上角点→拖动鼠标，在适当位置处单击鼠标左键，确定标注文字矩形区域的右下角点。

②在弹出的"文字标注与编辑"对话框（如图 6-60 所示）中输入"其余"并单击"插入"按钮中"粗糙度"→设置弹出"表面粗糙度"对话框，如图 6-61 所示→单击"确定"按钮→单击"文本编辑器"中"确定"按钮，结束操作，如图 6-62 所示。

图 6-60 文本输入

图 6-61 表面粗糙度标注

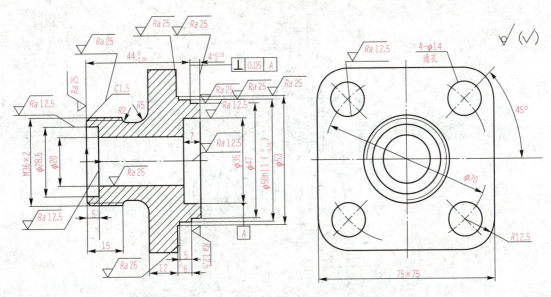

图 6-62　端盖尺寸标注(八)

课后习题及上机操作训练

一、选择题

1. 尺寸公差的标注可以采用(　　)。

　A. 在尺寸标注时单击鼠标右键，在弹出的"尺寸标注公差与配合查询"对话框中输入公差代号或上、下偏差数值

　B. 在尺寸标注立即菜单内的"尺寸值"文本框内的尺寸数值后面输入分别以百分号(％)引导的上、下偏差数值

　C. 以上均可

2. 下述关于修改尺寸、文字等标注的正确操作有(　　)。

　A. 若欲修改尺寸标注的位置或尺寸(文字)数值，可以采用单击图标按钮🔲等方式启动"标注风格"命令

　B. 若欲修改尺寸标注文字及箭头的大小，可以采用单击图标按钮🔲等方式启动"标注风格"命令，在弹出的"标注风格"对话框中修改设置

　C. 拾取欲修改的尺寸，然后右击鼠标，在弹出的快捷菜单中选择某一操作

二、上机练习

1. 绘制并标注如图 6-63～图 6-65 所示的零件图。

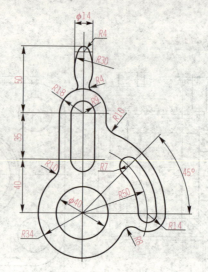

图 6-63 零件图(一)

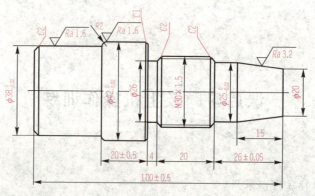

图 6-64 零件图(二)

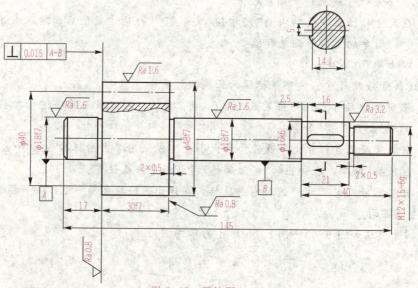

图 6-65 零件图(三)

2. 如图 6-66 所示，为"项目五"中轴系装配图配制图框、标题栏，编制零件序号和明细表。

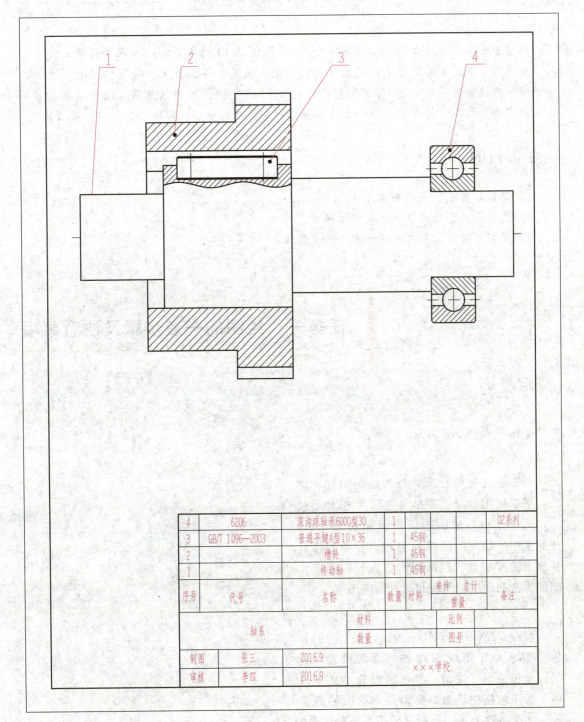

4		6206		深沟球轴承6000型30	1				02系列
3		GB/T 1096—2003		普通平键A型10×36	1	45钢			
2				槽轮	1	45钢			
1				传动轴	1	45钢			
序号		代号		名称	数量	材料	单件　总计		备注
							重量		
轴系					材料		比例		
					数量		图号		
制图		张三	2016.9		×××学校				
审核		李四	2016.9						

图 6-66　轴系装配图

通过前面各个章节的介绍，对 CAXA 电子图板 2013 的主要功能和基本操作已经有了较为全面的了解。本项目将通过对零件图和装配图两类主要机械图样绘制方法和步骤的具体介绍，使读者进一步熟悉 CAXA 电子图板 2013 在机械工程中的应用。限于篇幅，示例中只给出绘制过程中的主要步骤，而具体绘图命令的使用方法和操作请参照前面项目任务。

学习目的

(1)掌握计算机绘图的基本方法。

(2)进一步熟悉绘图软件的功能和操作。

(3)了解正投影的基本原理和相关专业知识。

任务一　绘图的一般步骤及注意事项

一、绘图的一般步骤

绘图的一般步骤如图 7-1 所示。

1. 分析图形

画图前首先要看懂并分析所画图样，例如，根据视图数量、图形复杂程度和大小尺寸，选择大小合适的图纸幅面和绘图比例；按照图中所出现的图线种类和内容类型拟订要设置的图层数；根据图形特点分析确定作图的方法和顺序、图块和图符的应用等。

2. 设置环境

启动 CAXA 电子图板 2013，据上面的分析 CAXA 电子图板 2013 进行系统设置，这些设置包括层、线型、颜色的设置，文本风格、标注风格的设置，屏幕点和拾取的设置等。如无特殊要求，一般可采用系统默认设置。

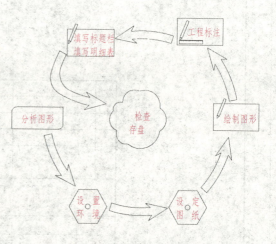

图 7-1　绘图的一般步骤

3. 设定图纸

设置图幅、比例、调入图框、标题栏等。

4. 绘制图形

综合利用各种绘图命令和修改命令，按各视图投影关系绘制图形。

5. 工程标注

标注图样中的尺寸和技术要求、装配图中的零件序号等。

6. 填写标题栏和明细表

7. 检查、存盘

检查并确认无误后将所绘图样命名存盘。

二、绘图的注意事项

(1)充分利用"图层"区分不同的线型或工程对象。

(2)绘图和编辑过程中，为观察清楚、定位准确，应随时对屏幕显示进行缩放、平移。

(3)充分利用"捕捉"和"导航"功能保证作图的准确性。如利用"导航"可方便地保持三视图间的"长对正、高平齐、宽相等"关系。但当不需要捕捉、导航时，应及时关闭。

(4)利用已有的图形进行变换和复制，可以事半功倍，显著提高绘图效率。绘图时要善于使用"平移"和"镜像"等变换命令，以简化作图。

(5)多修少画。便于修改是计算机绘图的一个显著特点，当图面布置不当时，可随时通过"平移"进行调整；若图幅或比例设置不合适，在绘图的任何时候都可重新设置；线型画错了，可以通过属性修改予以改正；对图线的长短及图形的形状、位置、尺寸、文字、工程标注的位置、内容等，都能方便地进行修改。绘图时要充分利用电子图板的编辑功能。

(6)及时存盘。新建一个"无名文件"后，应及时赋名存盘；在绘图过程中，也要养成经常存盘的习惯，以防因意外原因造成所画图形的丢失。

任务二　零件图的绘制示例

一、零件图概述

1. 零件图的内容

零件图是反映设计者意图及生产部门组织生产的重要技术文件。一张完整的零件图包含以下四个方面的内容：

1)一组视图

包括视图、剖视图、断面图、局部放大图等，用以完整、清晰地表达出零件的内/外形状和结构。

2)完整的尺寸

零件图中应正确、完整、清晰、合理地标注出用以确定零件各部分结构形状和相对位置、制造零件所需的全部尺寸。

3)技术要求

用以说明零件在制造和检验时应达到的技术要求，如表面粗糙度、尺寸公差、形状和位置公差，以及表面处理和材料热处理等。

4)标题栏

位于零件图的右下角，用以填写零件的名称、材料、比例、数量、图号，以及设计、制图、校核人员签名等。

2. 零件的分类及特点

实际工程中零件千姿百态、各种各样，但按其结构和应用的不同都可归结为 4 大类型：轴套类零件、盘盖类零件、叉架类零件和箱壳类零件。现就这 4 类零件的特点及绘图方法分述如下：

1)轴套类零件

在零件结构上，轴类和套筒类零件通常由若干段直径不同的圆柱体组成（称为阶梯轴），为了连接齿轮、皮带轮等零件，在轴上常有键槽、销孔和固定螺钉的凹坑等结构。在图形表达上，通常采用一个主视图和若干断面图或局部视图来表示，主视图应将轴线按水平位置放置。在绘图方法上，常采用"圆""轴/孔""局部放大"命令和"镜像"命令。

轴套类零件的工程图一般较为简单，具体绘图示例参见项目二中任务三"轴主视图"的绘制。

2)盘盖类零件

在零件结构上，盘盖类零件一般由在同一轴线上的不同直径的圆柱面（也可能有少量非圆柱面）组成，其厚度相对于直径来说比较小，即呈盘状，零件上常有一些孔、槽、肋和轮辐等均布或对称结构。在图形表达上，主视图一般采用全剖视或旋转剖视，轴线按水平位置放置。在绘图方法上，常采用"圆"、"轴/孔"和"剖面线"命令，对于盘盖上的孔、槽、肋和轮辐等均布或对称结构，一般先绘制出一个图形，然后再用"阵列"或"镜像"命令画出全部。

盘盖零件的工程图一般也较为简单，具体绘图示例参见项目二中任务三"槽轮剖视图"的绘制。

3)叉架类零件

在零件结构上，叉架类零件的形状比较复杂，通常由支撑轴的轴孔、用以固定在其他零件上的底板，以及起加强、支撑作用的肋板和支撑板组成。

在图形表达上，叉架类零件一般用两个以上的视图来表达，主视图一般按工作位置放置，并采用剖视图的方法，主要表达该零件的形状和结构特征。除主视图外还需要采用其他视图及断面图、局部视图等表达方法，以表达轴孔等的内部结构、底板形状和肋板断面等。在绘图方法上，用到的绘图和编辑命令较多，熟练使用导航功能，在一定的程度上会提高绘图速度，简化绘图过程。

　　叉架类零件的工程图一般较为复杂，本任务将详细介绍一个叉架类零件的具体绘制过程。

　　4) 箱壳类零件

　　在零件结构上，箱壳类零件是组成机器或部件的主要零件，其形状较复杂。其主要功能是用来容纳、支撑和固定其他零件。箱体上常有薄壁围成的不同形状的空腔，有轴承孔、凸台、肋板、底板、安装孔、螺纹孔等结构。

　　在图形表达上，箱壳类零件一般至少用三个视图来表达，主视图一般按工作位置放置，常与其在装配图中的位置相同，并采用全剖视，重点表达其内部结构；根据结构特点，其他视图一般采用剖视、断面图来表达内部形状，并采用局部视图和斜视图等表达零件外形。在绘图方法上，用到的绘图和编辑命令较多，熟练使用导航功能，在一定程度上会提高绘图速度，简化绘图过程。

　　箱壳类零件的工程图一般较为复杂，本任务将详细介绍一个箱壳类零件的具体绘制过程。

二、零件图的绘制

1. 完成如图 7-2 所示叉架类零件的绘制

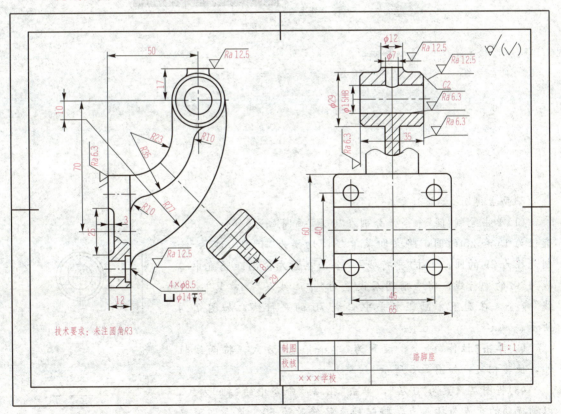

图 7-2　叉架类零件

操作步骤

1）分析零件图

2）设置零件图环境

根据零件大小、比例及复杂程度选择并设置图纸幅面、调入图框及标题栏。

鼠标左键单击"主菜单栏"上"幅面(P)"→"图幅设置(S)"，在弹出的"图幅设置"对话框中选择"图纸幅面"为A4、"绘图比例"为1∶1、"图纸方向"为横放、"调入标题栏"为School(CHS)，如图7-3所示。

图7-3　图幅设置

3）画主视图

（1）单击绘制"圆"命令，分别在"0层"画圆心为（-45，58）、直径为15和25的圆，将立即菜单"3："切换为"有中心线"，绘制直径为29的圆；单击"平行线"命令，在圆左侧画距竖直中心线为38的平行线；将当前图层设置为"中心线层"。重复"平行线"命令，在圆下方画距水平中心线70的平行线，如图7-4所示。

（2）单击"拉伸"命令，设置为"单个拾取"方式，将两线拉伸，使其相交，如图7-5所示。

（3）将图层设置为"0层"，单击"孔/轴"命令中的"轴"方式，以捕捉到的交点为插入点，将起始直径修改为60，将立即菜单"4："设置为"无中心线"，向左画出高60、长12的底板外框；将起始直径修改为25，向右画出底板左侧高25、长3的凹槽，如图7-6所示。

图7-4　主视图的绘制（一）

（4）单击"过渡"命令，选择"圆角"方式，将圆角半径修改为3，画出凹槽的圆角，如图7-7所示。

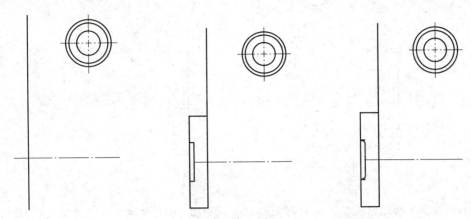

图 7-5　主视图的绘制（二）　　图 7-6　主视图的绘制（三）　　图 7-7　主视图的绘制（四）

（5）用"删除"和"拉伸"命令整理图形后，单击绘制"直线"命令，用"两点线—单根—正交"，以捕捉"相交"点的方式从 φ29 圆的左侧象限点开始，向下画出一条垂直线。单击绘制"平行线"命令，设置为"偏移方式—双向"方式，将当前层设置为"中心线层"，拾取底板对称线，输入20，画出安装孔的轴线，如图7-8所示。

（6）将当前层设置为"0层"，单击绘制"孔/轴"命令，用"孔"方式绘制锪平孔；单击绘制"直线"命令，用"两点线—单根—正交"，补画出锪平孔投影。单击"过渡"命令，选择"圆角"命令，将圆角半径修改为23，画出 R23 圆弧，如图7-9所示。

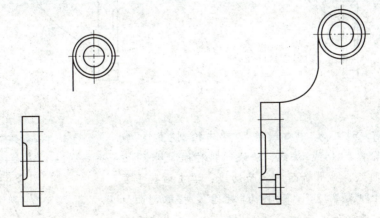

图 7-8　主视图的绘制（五）　　　　图 7-9　主视图的绘制（六）

（7）单击绘制"等距线"命令，设置立即菜单为"单个拾取—指定距离—单向—距离12—份数1"，拾取 R23 的圆弧，画出 R35 的圆弧，如图7-10所示。

（8）单击"过渡"命令，设置立即菜单为"圆角—裁剪始边—半径10"，对 R35 的圆弧进行过渡操作，如图7-11所示。

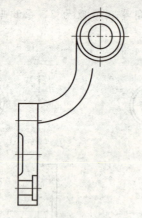

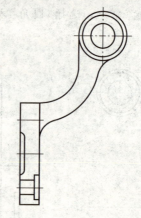

图 7-10　主视图的绘制(七)　　　　图 7-11　主视图的绘制(八)

(9)画出 $R77$ 的连接圆弧，确定其圆心位置，如图 7-12 所示。

(10)画出 $R77$ 的圆，"裁剪"并"删除"多余图线；单击"过渡"命令，设置立即菜单为"圆角—裁剪始边—半径10"，如图 7-13 所示。

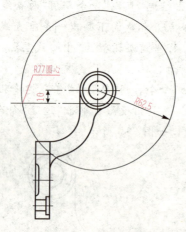

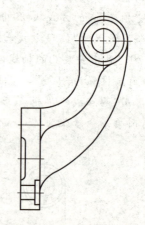

图 7-12　主视图的绘制(九)　　　　图 7-13　主视图的绘制(十)

(11)将当前层设置为"中心线层"，单击绘制"直线"命令，设置立即菜单为"切线/法线—法线—非对称—到点"方式，拾取 $R23$ 圆弧，画出断面的剖面切线；单击右键重复上一命令，将立即菜单"3:"，切换为"对称"，拾取剖面切线、输入移出断面定位点后键入直线长度29，画出左上部直线，如图 7-14 所示。

(12)单击绘制"孔/轴"命令，选择"孔—两点确定角度"方式，画出断面轮廓；单击"过渡"命令，用"圆角"命令绘制断面图上的圆角，如图 7-15 所示。

(13)将当前层设置为"细实线层"单击绘制"样条"命令，画出断面及局部剖面的分界线，如图 7-16 所示。

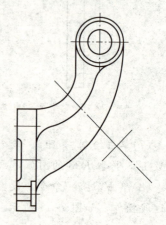

图 7-14　主视图的绘制(十一)

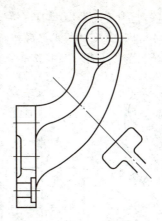

图 7-15 主视图的绘制(十二)　　　图 7-16　主视图的绘制(十三)

(14)单击绘制"剖面线"命令,画出局部剖面线。单击右键重复上一命令,将剖面线角度修改为 20,画出移出断面的剖面线。将当前层设置为"0 层",用绘制"平行线"命令和"过渡"命令中的"圆角"方式,绘制顶部凸台,如图 7-17 所示。

4)画左视图

(1)将当前层设置为"中心线层",将屏幕点设置为"导航",单击绘制"直线"命令,设置立即菜单为"两点线—单根—正交",画出左视图上的对称线,如图 7-18所示。

(2)将当前层设置为"0 层",单击绘制"矩形"命令,设置立即菜单为"长度和宽度—中心定位—角度 0—长度65—宽度 60—无中心线",画出底板的外框,如图 7-19所示。

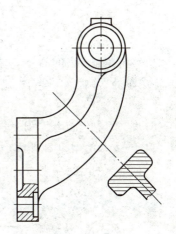

图 7-17　主视图的绘制(十四)

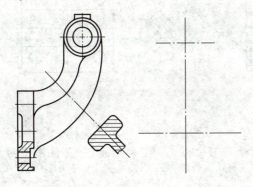
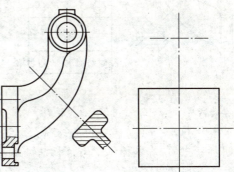

图 7-18　左视图的绘制(一)　　　图 7-19　左视图的绘制(二)

(3)单击"过渡"命令,设置立即菜单为"多圆角—半径 3",拾取矩形的任一条线,同时完成四个圆角的绘制。用"直线"及"圆"等命令,画出底板上一个孔的投影,如图 7-20所示。

(4)单击"阵列"命令，设置立即菜单为"矩形阵列—行数2—行距40—列数2—列距46—旋转角0"，拾取小圆及中心线完成四个孔的绘制；单击绘制"孔/轴"命令，用"孔"方式绘制底板上凹槽的投影，如图7-21所示。

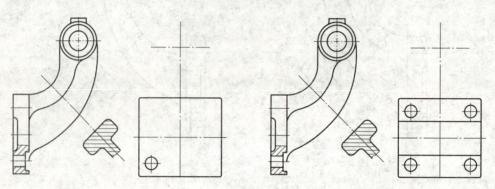

图 7-20　左视图的绘制(三)　　　　　　　图 7-21　左视图的绘制(四)

(5)单击绘制"矩形"命令，画出左视图上部长35、宽29的矩形；单击"过渡"命令，设置立即菜单为"多圆角—半径3"，拾取矩形的任一条线，完成四个倒角的绘制，如图7-22所示。

(6)用"孔/轴""直线""圆弧"和"裁剪"等命令绘制左视图上的其余轮廓；用"过渡"命令中的"圆角"方式绘制出各圆角；在"细实线层"用"样条"命令绘制波浪线；用"剖面线"命令绘制剖面线，如图7-23所示。

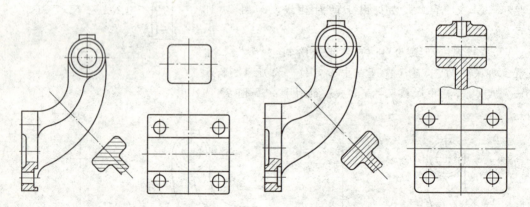

图 7-22　左视图的绘制(五)　　　　　　　图 7-23　左视图的绘制(六)

5)标注尺寸

用标注中的"基本标注""倒角标注""基准代号""形位公差"和"粗糙度"等标注图中的全部尺寸，如图7-24所示。

6)标注技术要求

参照项目六相关内容，标注图中的技术要求及其他标注，如图7-24所示。

7)填定标题栏、存盘

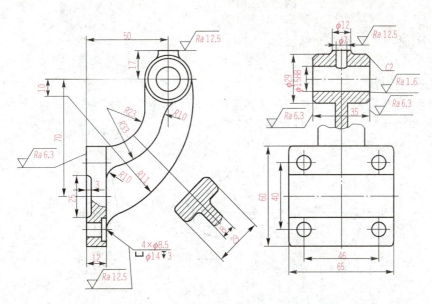

图 7-24　尺寸标注

2. 完成如图 7-25 所示箱壳类零件的绘制

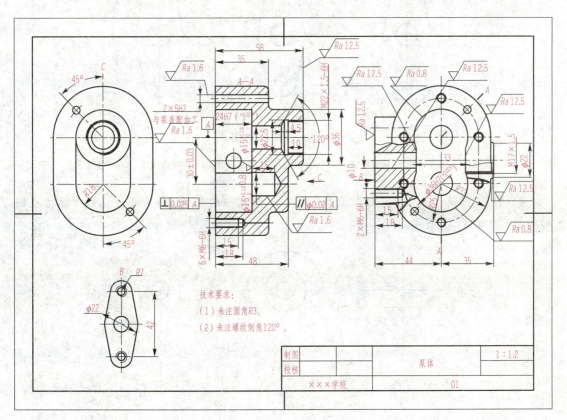

技术要求:
(1) 未注圆角R3。
(2) 未注螺纹倒角120°。

制图			泵体		1:1.2
校核					
	×××学校			01	

图 7-25　箱壳类零件

操作步骤

(1)分析零件图。

(2)利用"图层设置""平行线""直线""圆""裁剪""镜像""拉伸"和"库操作"等命令，完成 B 向局部视图的绘制，如图 7-26 所示。

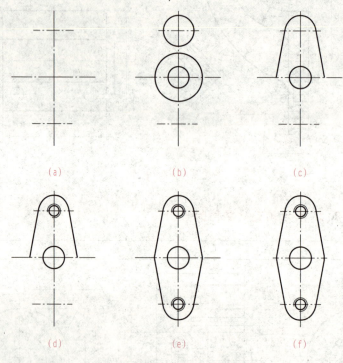

图 7-26　B 向局部视图的绘制

(a)绘制基准线；(b)绘制圆轮廓；(c)绘制切线；(d)绘制螺纹孔；(e)镜像图形；(f)调整线长

(3)利用"图层设置""平行线""直线""圆""剖面线"和"孔/轴"等命令，完成泵体左视图的绘制，如图 7-27 所示。

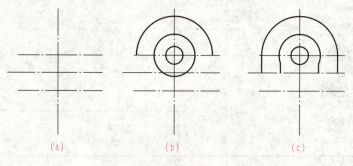

图 7-27　泵体左视图的绘制

(a)绘制基准线；(b)绘制圆轮廓；(c)绘制轮廓线；

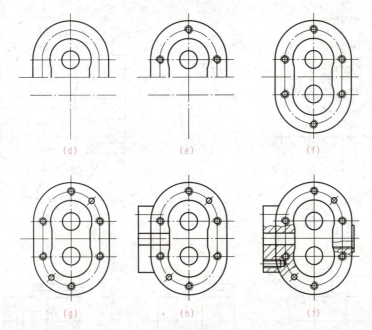

(d)　　　　　(e)　　　　　(f)

(g)　　　　　(h)　　　　　(i)

图 7-27　泵体左视图的绘制（续）

(d)绘制外缘中心线；(e)绘制螺纹孔；(f)镜像图形；
(g)绘制销孔；(h)绘制进油孔；(i)绘制局部剖

（4）绘制 C 向视图。

①将屏幕点设置为"导航"状态，用"平移复制"命令，将画好的泵体左视图部分复制平移到如图 7-28 所示左侧位置，再用"镜像"命令，完成 $\phi5$ 小孔的绘制。

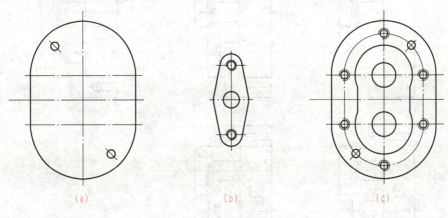

(a)　　　　　(b)　　　　　(c)

图 7-28　C 向视图的绘制（一）

②利用"图层设置""直线""圆""裁剪""拉伸"和"库操作"等命令，完成 C 向视图的绘制，如图 7-29 所示。

（5）利用"图层设置""平行线""直线""圆""剖面线"和"孔/轴"等命令，完成泵体剖视图的绘制，如图 7-30 所示。

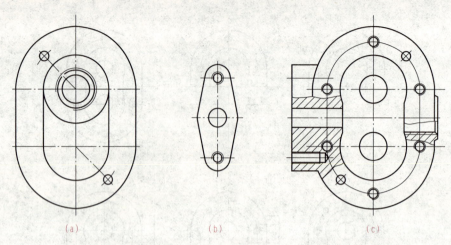

(a)　　　　　(b)　　　　　(c)

图 7-29　C 向视图的绘制(二)

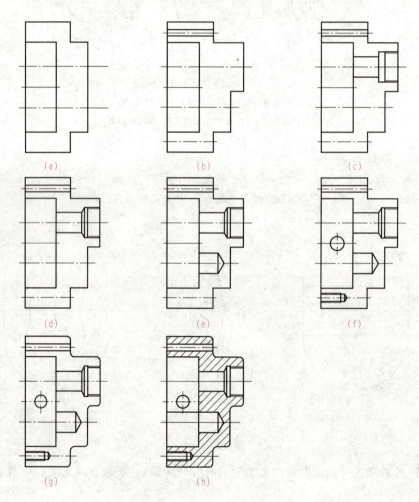

(a)　　　　　(b)　　　　　(c)

(d)　　　　　(e)　　　　　(f)

(g)　　　　　(h)

图 7-30　A 向视图的绘制

(a)绘制轮廓；(b)绘制销孔；(c)绘制轴孔；(d)绘制内倒角；
(e)绘制内倒角；(f)绘制螺钉孔及进油孔；(g)倒圆角；(h)绘制剖面线

（6）绘制剖切线、视图名称，并对泵体零件各视图进行位置调整，如图7-31所示。

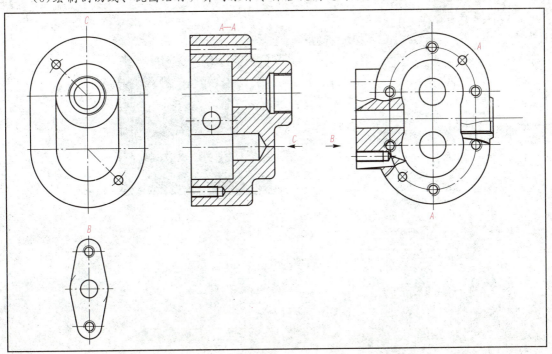

图7-31　绘制剖切线及进行位置调整

（7）对泵体零件进行工程标注，如图7-32所示。

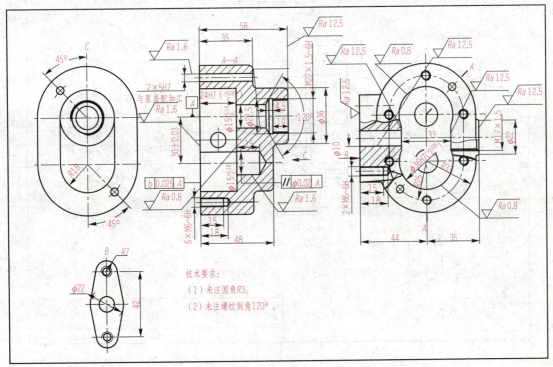

技术要求：

（1）未注圆角R3。

（2）未注螺纹倒角120°。

图7-32　工程标注

(8)根据零件大小设置幅面、调入填写标题栏，如图7-33和图7-34所示。

(9)检查存盘。

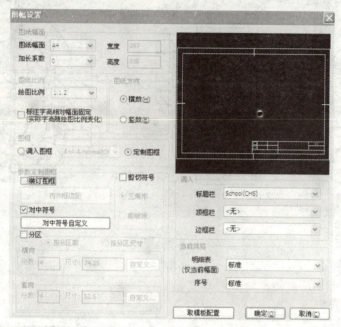

图 7-33　图幅设置

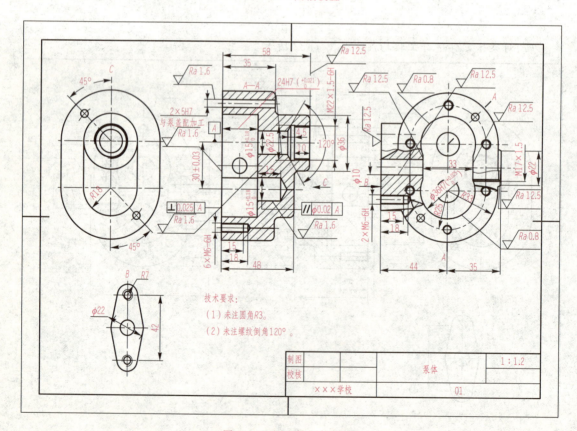

图 7-34　调入填写标题栏

任务三　装配图的绘制示例

在机械工程中，一台机器或一个部件都是由若干个零件按一定的装配关系和技术要求装配起来的，表示机器或部件的图样称为装配图。装配图是表达机器或部件的图样，是安装、调试、操作和检修机器或部件的重要技术文件，主要表示机器或部件的结构形状、装配关系、工作原理和技术要求。

一、装配图的内容及表达方法

1. 一张完整的装配图应包括下列内容

1）一组视图

装配图由一组视图组成，用以表达各组成零件的相互位置和装配关系、部件或机器的工作原理和结构特点。

2）必要的尺寸

在装配图上须标注的尺寸包括部件或机械的规格尺寸、零件之间的装配尺寸、外形尺寸、部件或机器的安装尺寸和其他重要尺寸。

3）技术要求

说明部件或机器的装配、安装、检验和运转的技术要求，一般用文字写出。

4）零件序号和明细表

在装配图中，应对每个不同的零件编写序号，并在明细表中依次填写序号、名称、件数、材料和备注等内容。

5）标题栏

装配图中的标题栏与零件图中的基本相同。

2. 规定画法

（1）两个相邻零件的接触面和配合面，用一条轮廓线表示；而当两相邻零件不接触，即留有空隙时，则必须画出两条线。

（2）两相邻零件的剖面线倾斜方向应相反，或者方向一致、间隔不等；而同一零件的剖面线在各视图中应保持间隔一致，倾斜方向相同。

（3）对坚固件（如螺母、螺栓、垫圈等）和实心零件（如轴、球、键、销等），当剖视图剖切平面通过它们的基本轴线时，这些零件都按不剖绘制，只要画出其外形的投影。

3. 特殊表达方法

1）沿结合面剖切和拆卸画法

在装配图中，为了表达部件或机器的内部结构，可采用沿结合面剖切的画法，即假想沿某些零件间的结合面进行剖切，此时，在零件的结合面上不画剖面线，只有被剖切到的零件才绘制其剖面线。

在装配图中，为了表达被遮挡部分的装配关系或零件形状，可以采用拆卸画法，即假想拆去一个或几个零件，再画出剩余部分的视图。

2）假想画法

为了表示运动零件的极限位置，或与该部件有装配关系但又不属于该部件的其他相邻零件，可以用细双点画线画出其轮廓。

3）夸大画法

对于薄片零件、细丝弹簧、微小间隙等，若按它们的实际尺寸和比例绘制，则在装配图中很难画出或难以明显表示，此时可不按比例而采用夸大画法绘出。

4）简化画法

在装配图中，零件的工艺结构，如圆角、倒角、退刀槽等可不画出。对于若干相同的零件组（如螺栓连接），可详细地画出一组或几组，其余用点画线表示装配位置即可。

二、齿轮泵及其零件图

齿轮泵是机器中用来输送润滑油的一个部件，其工作原理是：通过内腔中一对啮合齿轮的转动将油由一侧输送到另一侧。该齿轮泵由 9 种零件组成，其中的连接螺钉及定位销为标准件，不需要绘制其零件图，直接从图库中调用即可。需要绘制零件图的只有泵体、泵盖、齿轮、齿轮轴、螺塞、纸垫及毡圈 7 种零件。其中泵体已在前面绘制，读者可以参照其绘制出如图 7-35～图 7-40 所示零件图。

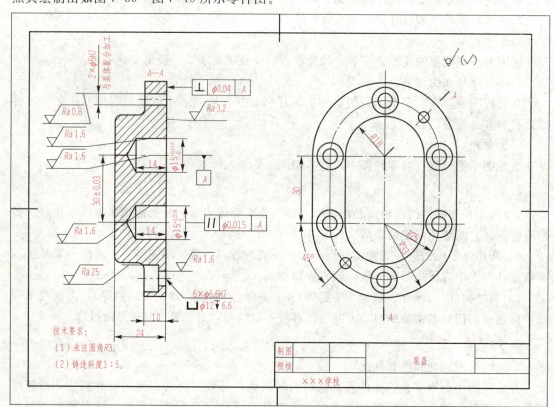

图 7-35　泵盖

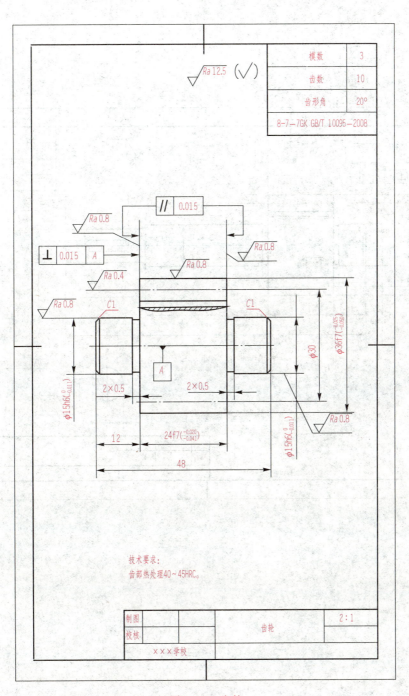

模数	3
齿数	10
齿形角	20°
8-7-7GK GB/T 10095—2008	

图 7-36　齿轮

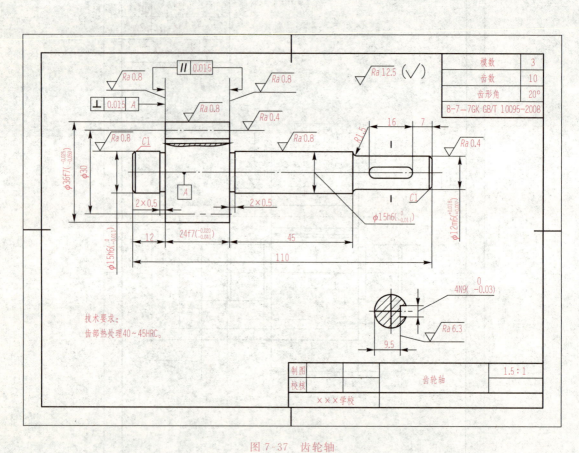

图 7-37　齿轮轴

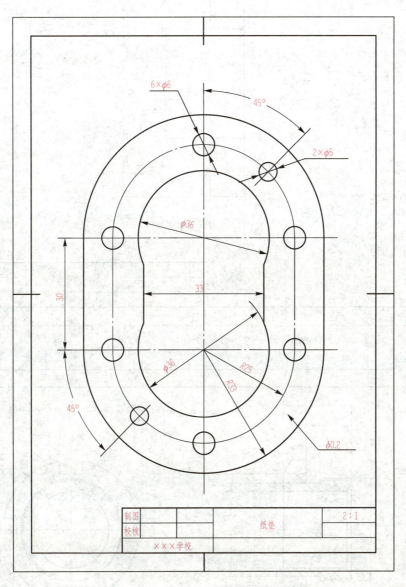

制图			纸垫		2:1
校核					
×××学校					

图 7-38 纸垫

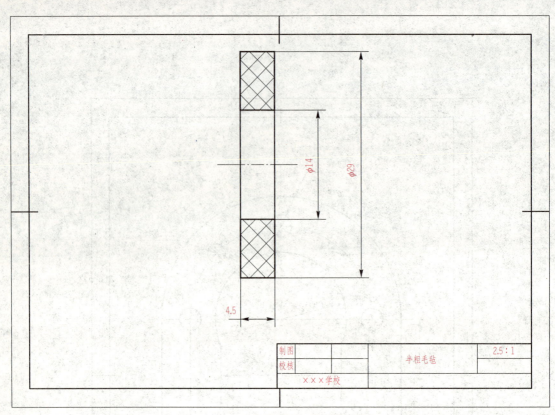

图 7-39 半粗毛毡

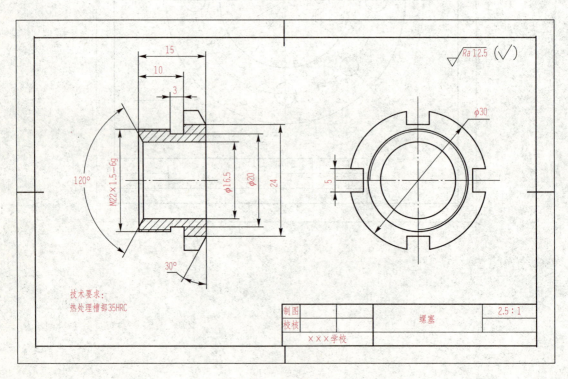

图 7-40 螺塞

三、齿轮泵装配图的绘制示例

用计算机绘制装配时，如果已经用计算机绘制出了相关的零件图，利用CAXA电子图板2013所提供的拼图和其他功能，可以大大简化装配图的作图。标准件可以直接从图库中提取，非标准件则可从其零件图中提取所需图形，按机器的组装顺序依次拼插成装配图，但需注意以下几个问题。

(1)处理好定位问题：一是按装配关系决定拼插顺序；二是基点、插入点的确定要合理；三是基点、插入点要准确，要善于利用捕捉和导航。

(2)处理好可见性的问题：CAXA电子图板2013提供的块消隐功能可显著提高绘图效率，但零件较多时很容易出错，一定要细心。必要时也可先将块打散，然后再将消隐的图线删除。

(3)编辑、检查问题：将零件图中的某图形拼插到装配图中后，不一定完全符合装配图要求，很多情况下要进行编辑修改，因此拼图后必须认真检查。

(4)拼图时的图形显示问题：装配图通常较为复杂，操作中应及时缩放，应善于使用主菜单"视图"中的各种显示控制命令。

下面以利用已有的齿轮泵各零件图，并结合调用CAXA电子图板2013中的标准件图符拼插成如图7-41所示的装配图。

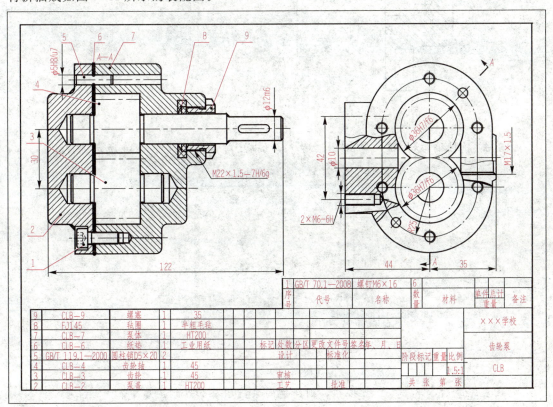

图7-41　装配图

操作步骤

(1)将泵盖、齿轮、齿轮轴、纸垫、毡圈和螺塞分别定义成固定图符。

①打开泵盖零件图，删除多余图素，只保留如图 7-42 所示图形。

②鼠标左键单击“主菜单栏”上“绘图(D)”→“图库(Z)”→“定义图符(D)”→鼠标左键框选图 7-42 中所示图形作为第 1 视图→单击鼠标右键确认选取→拾取右上角角点作为基准点→单击鼠标右键放弃第 2 视图的选取。

③所有视图都输入完毕后，弹出“图符入库”对话框，如图 7-43 所示进行设置。

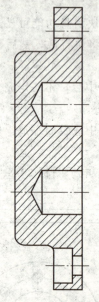

图 7-42　泵盖零件图

图符入库
请选择存储到的类:
我的图库
新建类别:
图符名称:
泵盖
数据编辑(D)
属性编辑(A)
上一步(B)
完成
取消

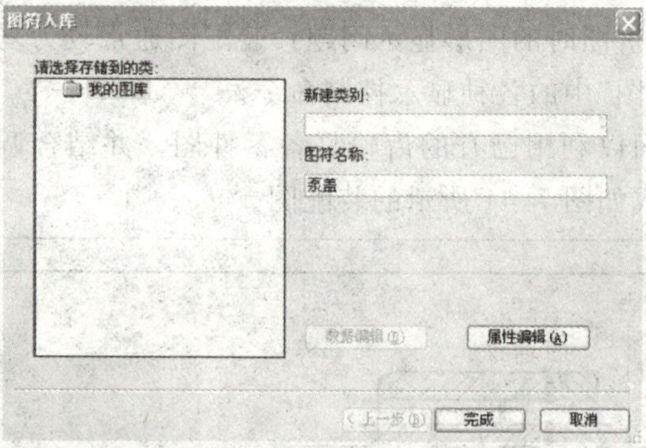

图 7-43　图符入库

④单击“属性编辑”按钮，弹出“属性录入与编辑”对话框，如图 7-44 所示进行设置。

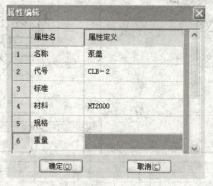

属性编辑
属性名
属性定义
1 名称 泵盖
2 代号 CLB－2
3 标准
4 材料 HT2000
5 规格
6 重量
确定(O)
取消(C)

图 7-44　属性编辑

⑤设置完成后，单击“确定”按钮，则新建的泵盖图符加入到图库中。

⑥方法同前，将泵体的其他零件图定义成固定图符。

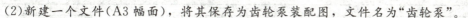

（2）新建一个文件（A3 幅面），将其保存为齿轮泵装配图，文件名为"齿轮泵"。

①新建文件。

②鼠标左键单击"主菜单栏"上"文件（F）"→"并入（M）"命令→将之前绘制的泵体零件图并入到新建的文件中。

③删除多余图素，并对图形作一定的修剪调整（对照图 7-45 进行修改），结果如图 7-45 所示。

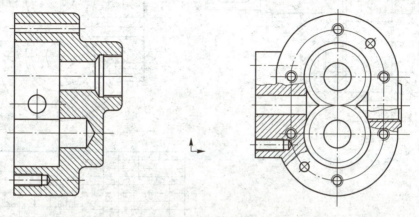

图 7-45　删除多余图素并修剪调整

④对齿轮泵进行"块创建"操作。

⑤设置图纸幅面为"A3，横放"，绘图比例为"1.5∶1"，调入标题栏为 GB－A（CHS），如图 7-46 所示。

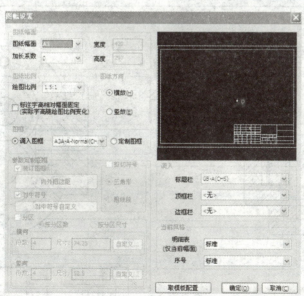

图 7-46　调入标题栏

（3）在新建文件"齿轮泵"中，插入前面定义的泵盖、齿轮、齿轮轴、纸垫、毡圈和螺塞图符，如图 7-47 所示。

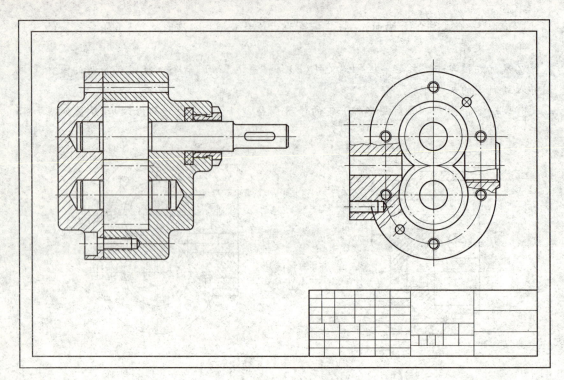

图 7-47　插入图符

(4)绘制纸垫剖面并插入螺钉图符和销图符，如图 7-48 所示。

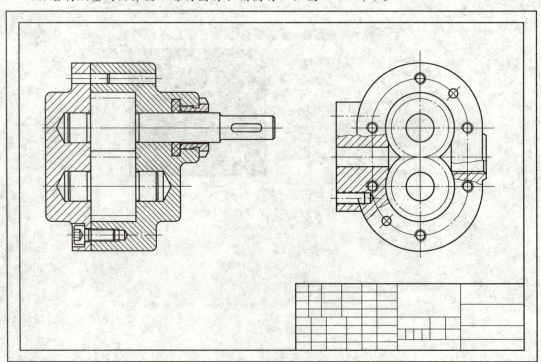

图 7-48　绘制剖面并插入图符

(5)参照泵体零件图中的工程标注方法和步骤，标注装配图中的尺寸。

(6)定制明细表的表头，生成零件序号。

(7)填写明细表与标题栏，如图7-41所示。

(8)仔细检查图形，确认无误后保存文件。

任务四　三维转二维绘制工程图

CAXA电子图板2013软件自身没有三维转二维工程图的功能，必须在CAXA实体设计2013软件下打开或新建"图纸环境"才能发挥此功能，如图7-49所示。因此如需用此功能必须安装CAXA实体设计2013软件。

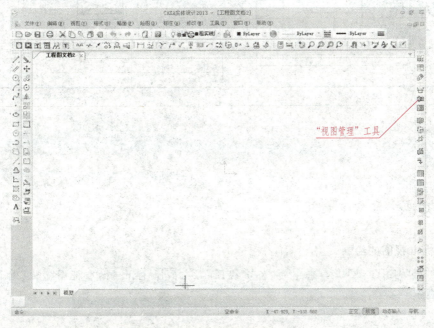

图7-49　三维转二维工程图工具

下面就以"泵体"零件为例，利用"视图管理"工具条中的"标准视图""投影视图""剖视图"和"局部剖视图"等功能完成如图7-50所示泵体的绘制（其中三维实体零件已绘出，可直接调用）。

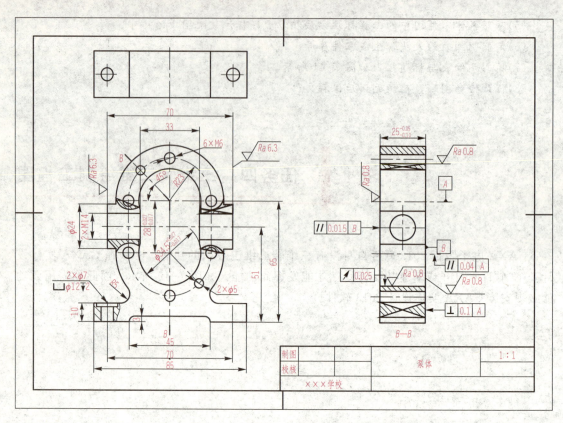

图 7-50　泵体

操作步骤

一、标准视图的绘制

（1）单击"视图管理"工具条中的"标准视图"按钮 ，弹出"标准视图输出"对话框，如图 7-51 所示。

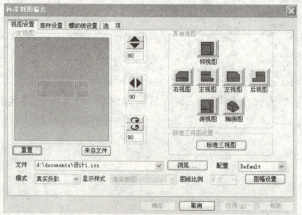

图 7-51　标准视图输出

（2）单击"标准视图输出"对话框中的 [浏览...] 按钮，在弹出的"打开"对话框中找到并选中你要创建工程图的三维模型文件，然后单击"打开(O)"按钮，返回"标准视图输出"对话框。

（3）此时，在"标准视图输出"对话框的"视图设置"选项卡的"主视图"预览框中会显示当前主视图的角度，如果不满意这个角度，可以通过单击预览右侧的一系列箭头进行调节，此处，我们将视图调整至如图7-52所示角度。

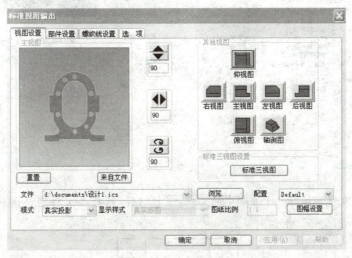

图7-52 标准视图输出

（4）在"其他视图"设置区中单击选取要创建的标准视图类型。在此，我们单击"主视图"和"仰视图"图标。

（5）单击"标准视图输出"对话框中的"螺旋线设置"标签，在该选项卡中对将要生成的视图的相关属性进行设置，如图7-53所示。

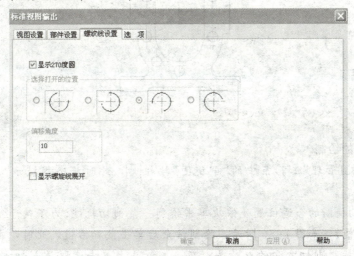

图7-53 标准视图输出

（6）单击"标准视图输出"对话框中的"选项"标签，在该选项卡中对将要生成的视图的相关属性进行设置，如图7-54所示。

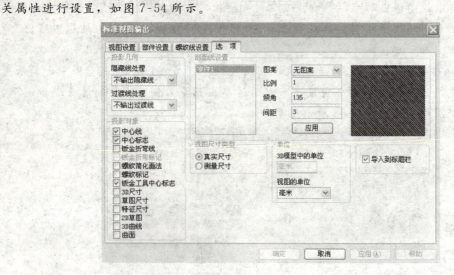

图 7-54　标准视图输出

　　(7)单击"标准视图输出"对话框中的 确定(O) 按钮，然后在工作区合适的位置单击"放置各视图"即可，如图7-55所示。

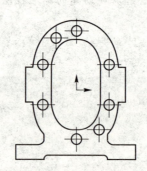

图 7-55　放置各视图

二、剖视图的绘制

　　(1)单击"视图管理"工具条中的"剖视图"按钮，此时状态栏提示"画剖切轨迹(画线)："。

　　(2)在要剖切视图的合适位置处依次单击绘制一条剖切轨迹(为了便于绘制，请在状态栏中开启导航功能)，如图7-56所示，绘制结束后单击鼠标右键，此时，在剖切轨迹的终点处会显示一个标明剖切方向的双箭头，在一侧箭头上单击选取该剖切方向，如图7-57所示。

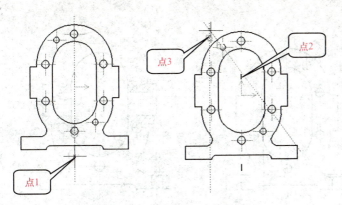

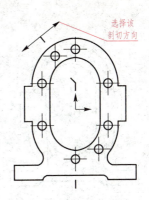

图 7-56　绘制剖切轨迹　　　　　　　　　　图 7-57　选取剖切方向

（3）此时，状态栏中提示"指定剖面名称标注点："，并在立即菜单中显示了创建的剖视图名称，在此我们保持系统默认，然后移动光标并在合适位置单击指定名称标注点，如图 7-58 所示。

（4）单击鼠标右键，然后移动光标，在适当的位置单击，即可放置生成的剖视图，如图 7-59 所示。

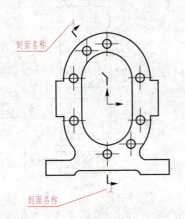

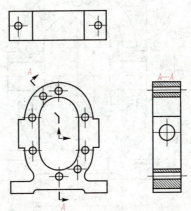

图 7-58　指定剖面名称标注点　　　　　　图 7-59　放置生成的剖视图

三、局部剖视图的绘制

（1）若要生成普通的局部剖视图，请先利用"直线"和"样条线"命令绘制出封闭的剖切轮廓线，如图 7-60 所示。

（2）单击"视图管理"工具条中的"局部剖视图"按钮 🔲，在弹出的立即菜单中选择"普通局部剖"项。

（3）单击选取绘制的剖切轮廓线（注意选择顺序，也可框选），然后单击鼠标右键，系统提示"请指定深度指示线的位置，按鼠标左键确认："，选择仰视图中心位置后单击鼠标左键确认，如图 7-61 所示。

（4）同理绘制其余"局部剖视图"，如图 7-62 所示。

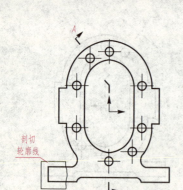

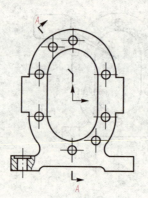

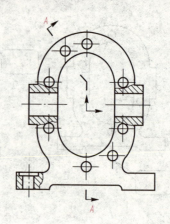

图7-60　绘制剖切轮廓线　　图7-61　确认深度指示线位置　　图7-62　绘制其余局部剖视图

四、标注，如图7-63所示

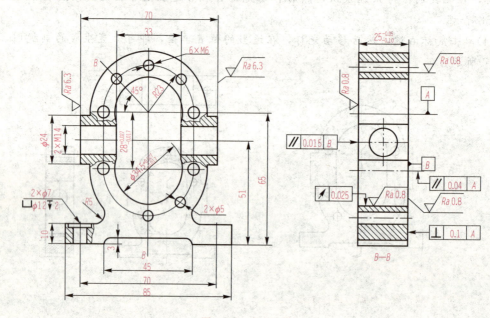

图 7-63　标注零件

五、幅面设置(略)

课后习题及上机操作训练

1. 分析与简答题

分析本项目所给的"泵体"零件图及"齿轮泵"装配图的绘制过程，请就某一部分的绘制提出与此不同的绘图方法和步骤。

2. 上机练习题

(1)分析零件特点，用合适的方法和步骤完成如图 7-35～图 7-40 泵盖、齿轮、齿轮轴、纸垫、半粗毛和螺塞毡 6 种零件的零件图绘制。

(2)完成如图 7-64～图 7-67 所示千斤顶零件图及装配图的绘制。

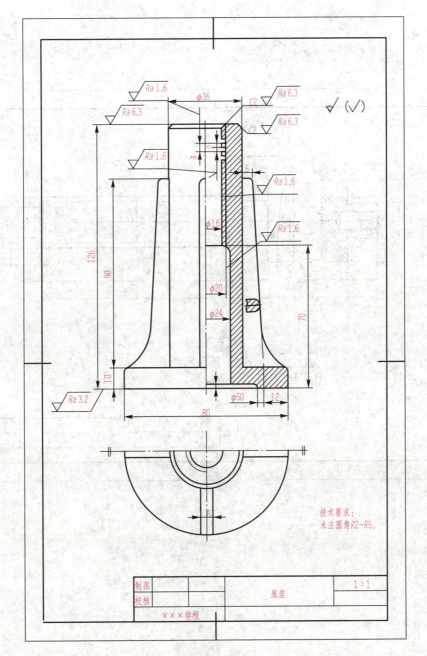

图 7-64 底座

179

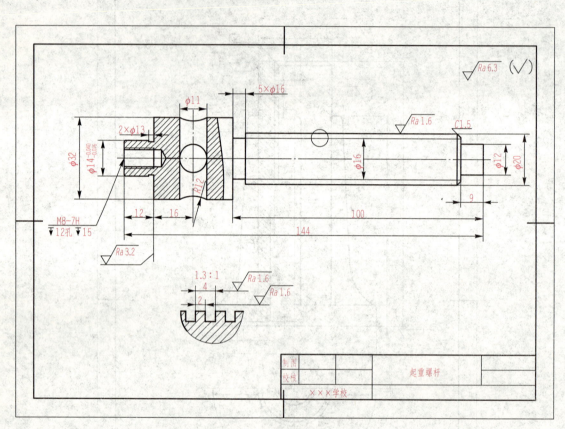

图 7-65 起重螺杆

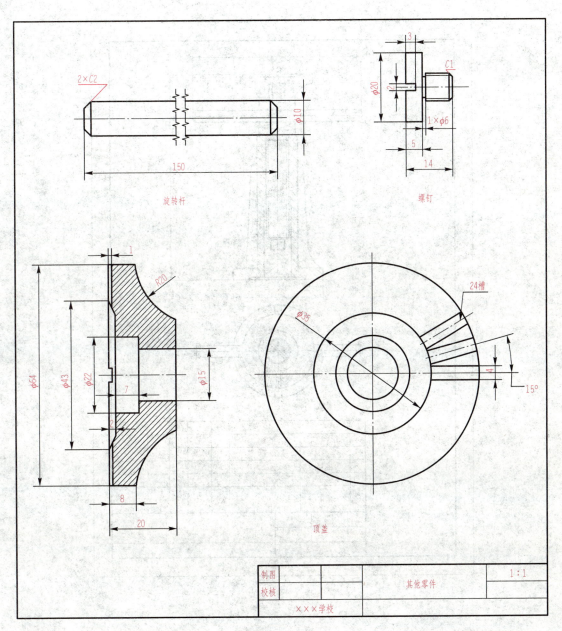

旋转杆

螺钉

顶盖

制图			其他零件	1:1
校核				
	×××学校			

图 7-66 其他零件

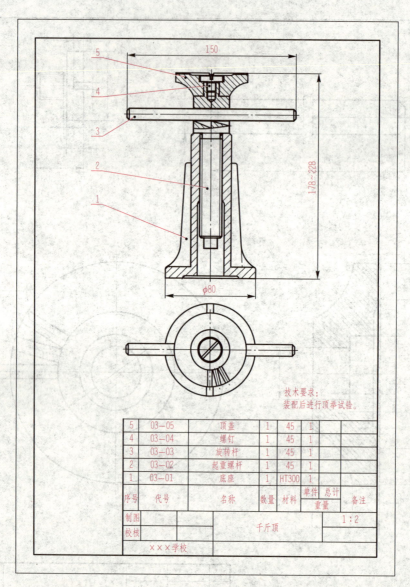

技术要求:
装配后进行顶举试验。

5	03—05	顶盖	1	45	1	
4	03—04	螺钉	1	45	1	
3	03—03	旋转杆	1	45	1	
2	03—02	起重螺杆	1	45	1	
1	03—01	底座	1	HT300	1	
序号	代号	名称	数量	材料	单件 总计 重量	备注
制图			千斤顶		1:2	
校核						
	×××学校					

图 7-67 千斤顶

参 考 文 献

[1] 胥进 . 机械 CAD/CAM [M]. 北京：北京理工大学出版社，2012.

[2] 郭朝勇 . CAXA 电子图版绘图教程(2007 版)[M]. 北京：电子工业出版社，2013.

[3] 李超 . CAD/CAM 实训－CAXA 软件应用[M]. 北京：高等教育出版社，2003.

[4] 徐建平 . CAXA 实体设计 2009/2011 实例与操作[M]. 北京：航空工业出版社，2011.